www.tredition.de

Danke,

für meine wundervollen Eltern, die stets, voller Liebe und Zuspruch, für mich da sind -

für die freundliche und liebevolle Familie, in die ich hinein geboren wurde -

für den inspirierenden und wahrhaftigen Mann, der bereit ist, mit mir gemeinsam solche Wege zu gehen -

für die beste Freundin, die alle meine Lebensphasen unerschütterlich begleitet hat, seit nun mehr bald 40 Jahren -

für meine geduldigen und mitfühlenden Lehrer und Begleiter -

für alle Ärzte und Pflegekräfte, die sich erfolgreich um mein Leben bemüht und sich um mich gekümmert haben,

und für die unendliche Fülle, in der ich dieses Leben verbringen darf.

Petra Heinrich

# Weite wagen

## Ein Wegbegleiter zur Selbsterfahrung

www.tredition.de

© 2016 Petra Heinrich

Umschlaggestaltung , Bilder & Coverfoto: Petra Heinrich

Verlag: tredition GmbH, Hamburg

ISBN
Paperback:   978-3-7345-6120-7
Hardcover:   978-3-7345-6121-4
e-Book:      978-3-7345-6122-1

Printed in Germany

Das Werk, einschließlich seiner Teile, ist urheberrechtlich geschützt. Jede Verwertung ist ohne Zustimmung des Verlages und des Autors unzulässig. Dies gilt insbesondere für die elektronische oder sonstige Vervielfältigung, Übersetzung, Verbreitung und öffentliche Zugänglichmachung.

# WERDEN - TEIL I .................................................. 9
*Der Anfang* ........................................................................9
*Heil werden - heil sein* .................................................. .12
Übung 1: kleines Experiment ........................................ 19
*Symptom-Kommunikation* ............................................. 21
Übung 2: Die Symptom-Gestalt 1 ................................... 22
Übung 3: Die Symptom-Gestalt 2 ................................... 26
*Der Schatten* .................................................................. 29
Übung 4: in den Mokassins des Anderen gehen ............ 34
Übung 5: Schattenspiegel - das Objekt ......................... 37
Übung 6: Schattenspiegel - Situationen ........................ 40
Übung 7: Schattenspiegel - Geräusche ......................... 44
*Körper-sein* .....................................................................46
Übung 8: Schattenspiegel - Körperregion ..................... 49
Übung 9: Schattenspiegel - Bewegung ......................... 55
Übung 10: Schattenspiegel - verborgene Bewegung ..... 57
*Partnerschaft* ..................................................................60
Übung 11: Schattenspiegel - Beziehung ....................... 66
*Draußen* ........................................................................ 69
*Systeme* ..........................................................................71
Übung 12: Das Chamäleon entdecken ........................... 77
Übung 13: Schattenspiegel - "völliger no-go" ............... 80
*Träume* .......................................................................... 82
Übung 14: Den Traumkörper kennenlernen .................. 87
Übung 15: Wahrnehmung des Hintergrundes ............... 90
*Bewusstwerdung durchTräume* ..................................... 92
Die erste Traum-Ebene .................................................. 93
Die zweite Traum-Ebene ................................................ 95

Die dritte Traum-Ebene ...........................................96
Übung 16: Traumarbeit................................................98
Die vierte Traum-Ebene ...........................................101
Übung 17: Traumarbeit II..........................................102
*Die Archetypen*.......................................................103
Die fünfte Traumebene - Teil I .................................103
Übung 18: Archetypen...............................................106
Ebene fünf – Teil II ...................................................106
Übung 19: Deine Traumreise .....................................109

# SEIN - TEIL II ................................. 111
*Anknüpfung*............................................................ 111
*Freiheit*....................................................................114
Übung 20: Freiheit wovon?........................................116
Übung 21: Freiheit wofür?.........................................116
Übung 22: Ohne Sicherheitsnetz? .............................117
*Das Bewusstsein*......................................................122
Übung 23: Die Welt "da draußen" .............................124
*Der Verstand*...........................................................127
*Den inneren Dialog beenden*...................................129
Übung 24: "ich und mein".........................................131
*Die Erforschung des Egos*.......................................133
Übung 25: der Geburtsort der Gedanken...................133
Übung 26: Fallen in den Zwischenraum....................136
Übung 27: reines Sehen.............................................137
Übung 28: freigelassene Emotionen..........................140
Übung 29: Körperwahrnehmung ...............................142
*Wer bin ich?*........................................................... 144
Übung 30: enttarnen von Konzepten .........................144
Übung 31: Die Illusion des freien Willens ................147
*Meditation*..............................................................148
Übung 32: Wahrnehmung .........................................149

Übung 33: Wer bin ich?................................................. 152
*Die Suche*....................................................................... 160
*Das Ende*........................................................................165
*Die Traumweberin*........................................................ 167
Literaturverzeichnis....................................................... 169
Wie ich begleite............................................................. 171

# WERDEN - TEIL I

## Der Anfang

"Die hat ein Rad ab! " diese Redewendung sagt, dass jemand nicht mehr richtig in der Spur läuft. Dabei impliziert diese Aussage auch, dass es mindestens zwei Räder gibt. Lassen wir dieses Bild in uns vollständig werden, so entsteht dabei ein Gefährt. Ob nun ein Fahrrad, Auto oder etwas anderes, ist zweitrangig. Spannend hingegen ist der Inhalt des Bildes, bezogen auf uns selbst. Das Gefährt hat sowohl Stabilität, als auch durch die Räder Mobilität. Wenn wir es uns fahrend vorstellen, bewegt sich etwas nahezu Gleichbleibendes durch die verschiedensten Landschaften. Obgleich dadurch die Möglichkeit zur Betrachtung gegeben ist, gibt es verhältnismäßig wenig Wechselwirkung auf das Aussehen, das Verhalten und die Art der Fortbewegung.

Genauso ist es meist bei uns Menschen. Wir bewegen uns durch die unterschiedlichsten Situationen, doch die wenigsten bewegen uns, noch dazu auf neue Weise. Es ist, als wäre alles festgeschraubt. Die Tage ereignen sich für uns fast gleichbleibend. Zugleich verspüren immer mehr Menschen eine Langeweile und Erschöpfung von dieser scheinbar endlosen Wiederholung des immer Gleichen.

Was würde wohl geschehen, würden wir ein Rad abhaben oder alle? Was, würden wir uns nach und nach neu formen, uns immer mehr einer Wechselwirkung öffnen und das Wagnis eingehen, die alte Stabilität zu lockern, flexibler werden?

Wir sind es gewöhnt, in ganz bestimmten Bahnen zu denken, auf bestimmte Weise Dinge miteinander in Verbindung zu bringen und daraus unsere Welt zu knüpfen. Immer wieder auf` s Neue gleich. Selten stellen wir dies wirklich in Frage. Und auch wenn wir an der Welt, wie wir sie wahrnehmen, leiden fällt es uns doch erstaunlich schwer, unsere alten Muster aufzulösen.

Mit Vorliebe inszenieren wir unsere Dramen stets auf `s Neue, und bei aller Langeweile oder Erschöpfung können wir dahinter eine wahre Leiden - schafft entdecken. Natürlich auch Angst. Wohl bekanntes Terrain verlassen wir nicht gerne. Und so überdrüssig es uns auch scheint, hier kennen wir uns aus. Meisterhaft verstehen wir es, auch in neuer Umgebung unser persönliches Spiel zu inszenieren und die Menschen um uns darin gekonnt einzubinden.

Im Laufe dieses Buches werde ich mit Dir erst mehr Räder als bisher verknüpfen. So kann dann ein umfassenderes Bild Gestalt annehmen. Mit verschiedenen Übungen möchte ich Dir auch die eigene Erfahrung mit diesem Größeren zugänglich machen. Doch dann wollen wir gemeinsam die Verknüpfung wieder auflösen und zusammen heraus finden, wohin mich und Dich das bringen kann.

Vielleicht hast Du gerade bemerkt, dass ich begonnen habe bisher voneinander getrennte Räder zu verknüpfen, Deine und meine. Es kann sein, dass Du dies nun in Frage stellst insofern, dass ich Dich mit auf eine Reise nehmen kann, Du jedoch keinen Einfluss auf mich hast. Ob dies tatsächlich so ist, werden wir im Laufe der Reise herauszufinden versuchen.

Worum es in diesem Buch geht? Z.B.:

Um Dich oder welches Bild Du von Dir hast.

Um alle Anderen und welche Bilder Du von Ihnen hast.

Um die Welt, wie sie Dir *erscheint* und ob sie vielleicht ganz anders ist, als Deine "Erscheinung" davon. Woran Du leidest oder was Dir fehlt, welche Grenzen Dir zu eng sind und wie es weiter werden kann.

Du meinst das wäre zu vage? Das ist Absicht. Ich lade Dich auf eine Überraschungsreise ein. Geh auf Wegen und folge Wendungen, die Dich um Ecken bringen oder in Höhen katapultieren oder in Tiefen stürzen... eben abseits der bekannten Pfade in Dein eigenes Neuland...

...Wohlan denn, Herz, nimm Abschied und gesunde!

aus Hermann Hesse, Stufen

## Heil werden - heil sein

Um überhaupt dahin zu kommen, dass wir nicht in alter konditionierter Weise auf stets neue Situationen reagieren, müssen wir uns unserer Grenzen, wie auch unserer abgelehnten Anteile wieder bewusst werden, also heil werden.

Wir alle wünschen uns Heilung, wenn wir an etwas leiden, wenn uns etwas fehlt. So unterschiedlich die Vorstellung des Einzelnen ist, was heilt und was heil sein bedeutet, diese heilige Sehnsucht teilen wir im Leiden und im Mangel miteinander.

Wenn wir als Basis gemeinsamen Verständnisses voraussetzen, dass Heil sein Ganz sein auf allen Ebenen und in allen Lebensbereichen bedeutet, können wir uns nun schrittweise damit auseinander setzen, wie Ganzwerdung gelingen kann. Vermutlich tauchen bei dieser Beschreibung Bilder eines paradiesischen Lebens auf, bei dem uns alle Wünsche in Erfüllung gehen, wir keinerlei Schmerz und auch keinen Mangel mehr erleiden müssen.

Obgleich sich zuletzt dieses Bild sogar erfüllen kann, wird es das auf gänzlich andere Weise tun, als wir es uns jetzt vorstellen können. Vielleicht muss sich hierzu gar am Ende jede Dualität auflösen. Denn eines ist völlig offensichtlich: Solange wir uns innerhalb dieser Dualität bewegen ist es ausgeschlossen einzig sonnige Tage zu erleben. Unser Körper wird altern und für die allermeisten von uns bedeutet dies auch, dass sich zunehmend Krankheiten einstellen. Damit löst sich das paradiesische Bild auch schon wieder auf – und der Körper ist nicht das Einzige, das dem Wechsel unterworfen ist. Insofern können wir erkennen, dass sich Heil sein nicht auf eine körperliche Unversehrtheit bezieht und auch nicht auf einzig sonnige Emotionen oder Gedanken voller Wohlwollen.

Ganzheit bedeutet damit sich allem ganz hinzuhalten, was sich im Leben ereignet. Es ist ein großes JA zum Erleben und Bewegt werden von dem, was uns auf dieser spannenden Lebensreise begegnet. Ganz sein beinhaltet damit alles was dazu gehört und ist nicht verbunden mit persönlichen Bewertungen und Erwartungen.

Wenn wir uns mit unseren Symptomen, gleichgültig ob körperliche, psychische, verstandesmäßige oder spirituelle, an den jeweiligen Fachmann wenden, erfahren wir im Idealfall eine Linderung oder Beseitigung unserer Symptome. Doch ist sehr fraglich, ob dadurch auch gleichzeitig das entsteht, was Heil sein auf allen Ebenen bedeutet. Oftmals ist das Wissen der Fachwelt zwar eindeutig beeindruckend und auch punktuell wirksam, aber meist ermangelt es einem holistischen, ganzheitlichen Ansatz.

So wird eine Erkrankung z.B. dem Mangel oder Überschuss eines bestimmten Hormons zugeschrieben, (was auf der rein physischen Ebene auch stimmt), und ein Medikament soll und kann dieses Symptom regulieren. Welche Gedanken, dadurch ausgelösten Emotionen jedoch mit dieser Hypo-/

oder Hyperproduktion in Zusammenhang stehen wird dadurch nicht geklärt. Möglicherweise werden nach einer langen Strecke lebensfeindlicher Glaubenssätze (mit allem, was dadurch weiter ausgelöst wird) hier nun Dysbalancen manifestiert, die trotz der Symptombehandlung ihre schädigende Wirkung beibehalten.

Dies trifft natürlich genauso auf andere mögliche Ursachen (oder Mitverursacher) zu: eine unglückliche Liebesbeziehung, Mobbing, Schwierigkeiten in der Kindererziehung, oder tiefere systemische Themen usw. Es stellt sich die Frage, auf welche Art sich stattdessen das „was fehlt oder des Guten zu viel ist" Ausdruck verschafft.

Sigmund Freud hatte eine wesentliche Erkenntnis zum Thema Symptombehandlung: Zu Anfang seines Wirkens nutzte er die Hypnose bei seinen Patienten/innen. Er hatte mit seinem Ansatz des „das Symptom verschwindet" erst mal Erfolg. Allerdings konnte er beobachten, dass nach einiger Zeit entweder die Symptome wieder kamen oder andere an seine Stelle traten. Ihm wurde klar, dass eine kurzfristige Symptomfreiheit bzw. eine Symptomverschiebung nicht sinnvoll ist. Daraufhin entwickelte er die Psychoanalyse.

Meines Erachtens sollte diese Erkenntnis auch auf alle Heilbereiche ausgedehnt werden.

Es ist wesentlich die Bedeutung und Botschaft unserer Symptome zu verstehen und sie als Ausdruck des Ganzen erfassen zu lernen.

So kann es uns auch widerfahren, wenn wir einen Psychotherapeuten, um Rat und Hilfe für unsere Angst zu bekommen, aufsuchen. Vielleicht erhalten wir auch hier ein Medikament, das unsere Angstzustände lindert. Oder wir erfahren, dass diese Angstzustände in unserer frühesten Kindheit anzusiedeln sind und lernen die persönliche Geschichte neu zu bewerten. So hilfreich das auch ist - wir erfahren nicht, welche Bedeutung und Botschaft auf anderen Ebenen dieses Symptom zum Ausdruck bringt. Wie wir dadurch auch nicht erkennen können, dass es gerade die Geschichten sind, an denen wir in Wahrheit leiden.

Jetzt stellen wir uns vor, während einer Lebenskrise wenden wir uns z.B. an ein Medium. Dieses channelt für uns, und wir erfahren, dass alte karmische Verstrickungen noch heute wirksam sind, wir sie auflösen müssen und noch manches mehr. Frage und Hand auf `s Herz: so spannend und wichtig das auch klingt - weißt Du, wie Du diese Verstrickung lösen kannst? Ich vermute mal, dass es nicht jeder weiß. Also machen wir uns auf den Weg zu einer Geistheilerin. Diese schickt uns nun heilende Energie von

Engeln, alten Völkern oder ähnlichem. Trunken und beseelt verlassen wir die Sitzung. Sind wir nun wirklich in der Lage diese Energie so in unseren Alltag zu integrieren, dass die Lebenskrise Auswege finden kann? Und haben wir daraus gelernt, wie wir in kommenden Situationen damit umgehen können?

Ich möchte an dieser Stelle nicht falsch verstanden werden. Ich spreche mich nicht gegen medizinische, psychologische oder Energiebehandlungen aus. Im Gegenteil, ich selbst verdanke mein Überleben und die Qualität meines Lebens der Medizin, und auch der Fähigkeit verschiedener Psychotherapeuten wie auch Heilern. Vielmehr ist es mein Anliegen, unsere Seins-Ebenen miteinander zu verbinden, wie auch verschiedene Methoden und Möglichkeiten für die jeweiligen Ebenen aufzuzeigen.

Wir werden nicht heiler, wenn wir bestimmte Ebenen ausgrenzen, als Materialist die spirituelle, als Esoteriker die körperliche usw. Leider ist dieses Phänomen oft zu beobachten. Ich bin gegen alles, was mir nicht als wahr erscheint. Du bist auch gegen alles, was Dir nicht als wahr erscheint. So dauert der Kampf zwischen Materialisten und Esoterikern auch an. Der Materialist will Beweise, viele Esoteriker wollen sich mit der materiellen Welt gar nicht mehr beschäftigen, weil diese profan sei und "schon überwunden" geglaubt. Ich stelle mal eine vage

These auf: Solange wir in unserem Körper über diese Erde wandeln, sind wir zutiefst wesenhaft, leiblich - ganz offensichtlich.

Nicht nur, dass uns eine rigide Haltung eine wirkliche Begegnung „ich und du im Hier und Jetzt" unmöglich macht, sie legt uns selbst in Ketten. In diesem Bereich scheint Wachstum ausgeschlossen. Wachstum, sprich damit auch Veränderung ist jedoch ein grundlegendes Prinzip des Lebens.

Wenn wir nicht nur die Freiheit von einem Symptom anstreben, sondern Ganzwerdung, und wenn wir nicht nur fachübergreifende Behandlung wünschen, sondern unser eigenes Verständnis ganzheitlich werden lassen wollen, müssen wir unseren Blick erweitern und unser Verständnis für größere Zusammenhänge öffnen. Letztlich vielleicht bis dahin, dass es keine Symptome mehr als solche gibt, sondern lediglich noch Phänomene. Wir werden sehen.

Solange wir uns selbst zerteilen in Körper, Psyche, Verstand, vielleicht noch Seele und Geist, solange sind wir nicht heil - nicht ganz. Erst wenn wir selbst beginnen, uns der zusammenhängenden Erfahrung all dieser Seins-Ebenen zu öffnen, kann Heilung gelingen.

Hierzu möchte ich ein kleines Experiment vorschlagen.

**Übung 1: kleines Experiment**

- Schließe Deine Augen, atme ein paar Mal ruhig und tief ein und aus, komme ganz bei Dir an, nimm Dir die Zeit Deinen Körper vom Kopf bis zu den Füßen wahrzunehmen. Achte auch auf unterschiedliche Empfindungen in Deinem Körper, vielleicht ist eine Schwere in Deinem Kopf, in Deiner Leibmitte jedoch eine Leichtigkeit oder ein Kribbeln ... Was für Emotionen sind jetzt in Dir? Welche Gedanken, Vorstellungen oder Bilder gehen Dir durch den Sinn?

- Nun erinnere Dich an eine Situation, in der Du Angst verspürtest. Nimm bewusst die Reaktion Deines Körpers wahr. Gibt es Bereiche, die nun angespannter sind als zuvor? Was geschieht mit Deiner Atmung? Welche Gedanken, Vorstellungen oder Bilder hast Du? Welche Gefühle kannst Du ausmachen?

    Öffne Deine Augen und mache Dir ein paar

Notizen über Deine Erfahrung.

- Schließe nun erneut Deine Augen, atme ein paar Mal ruhig und tief ein und aus, komme ganz bei Dir an, nimm Dir die Zeit, Deinen Körper vom Kopf bis zu den Füßen wahrzunehmen. Achte auch auf unterschiedliche Empfindungen in Deinem Körper. Was für Emotionen sind jetzt in Dir? Welche Gedanken, Vorstellungen oder Bilder gehen Dir durch den Sinn?

- Nun erinnere Dich an eine Situation, in der Du Freude verspürtest. Nimm bewusst die Reaktion Deines Körpers wahr. Gibt es Bereiche, die nun entspannter oder weiter sind als zuvor? Was geschieht mit Deiner Atmung? Welche Gedanken, Vorstellungen oder Bilder hast Du? Welche Gefühle kannst Du ausmachen?

Öffne Deine Augen und mache Dir auch hierzu ein paar Notizen über Deine Erfahrung.

---

*Ob es uns bewusst ist oder nicht, Erfahrung findet immer auf allen Ebenen statt.*

## Symptom-Kommunikation

Ich gehe davon aus, dass Du erlebt hast, dass Körper, Emotionen und Gedanken miteinander korrespondieren. Du kannst keine Angst verspüren, wenn Du entspannt bist, wie Du auch keine Freude fühlen kannst, wenn Du Dich mit belastenden Gedanken, Erinnerungen, Vorstellungen und Bildern beschäftigst, nicht zeitgleich.

Dass z.B. depressive Verstimmungen etwas mit unserer Lebensumwelt zu tun haben können, mit einem nicht überwundenen Verlust oder einem Mangel an Lebenssinn, ist inzwischen schon fast Allgemeinwissen. In gleicher Weise, dass eine depressive Verstimmung auch physische Symptome mit hervorbringt und sich auch in der Gedankenwelt des Betroffenen niederschlägt. Hier scheint es uns inzwischen leicht zu fallen diese Verbindung als normal anzunehmen.

Nicht so leicht fällt uns dies jedoch, wenn wir eine Blinddarmentzündung haben. Oder hast Du Dir bei einem "typisch" körperlichen Symptom schon einmal die Frage gestellt - welche Gedanken, Vorstellungen und Bilder hängen mit dieser Erkrankung zusammen? Welche Emotionen tauchen dadurch in mir auf und wollen für wahr genommen werden?

Welches psychische Thema möchte hier auf sich aufmerksam machen? Oder was aus der geistigen Welt möchte sich hier durch mich „Aufträumen"?

Spannenderweise reden wir mit uns selbst, mit unseren Nächsten oder mit unserem Chef ununterbrochen in Form eines inneren Dialoges. Dies scheint uns auch in keiner Weise zu befremden. Doch wenn ich Dir nun vorschlage, jetzt einmal ein Gespräch mit Deiner keuchenden Lunge, Deiner schmerzenden Hüfte oder Deinem aus dem Rhythmus geratenem Herzen zu führen, wäre dies für Dich wahrscheinlich etwas ganz anderes und Du würdest Dir vielleicht auch sehr merkwürdig dabei vorkommen. Aber ich schlage Dir nun genau dies vor. Falls es die Möglichkeit für Dich gibt, mache diese Übung zusammen mit Deinem Partner oder einem Freund:


**Übung 2: Die Symptom-Gestalt 1**

- Schließe Deine Augen, atme ein paar Mal ruhig und tief ein und aus, komme ganz bei Dir an, nimm Dir die Zeit Deinen Körper vom Kopf bis zu den Füßen wahrzunehmen. Achte auch auf unterschiedliche Empfindungen in

Deinem Körper, welche Emotionen sind jetzt in Dir? Welche Gedanken, Vorstellungen oder Bilder gehen Dir durch den Sinn?

- Nun lenke Deine Aufmerksamkeit auf Dein Symptom. Beschreibe den Schmerz oder das Unwohlsein so genau wie möglich, so dass eine andere Person dieses Körpergefühl fast nachempfinden könnte. Erkunde nun die Beschaffenheit des Symptoms: Welche Form hat es: rund, eckig, länglich, oder ein komplexerer Körper wie ein bestimmtes Tier oder ein anderes Wesen? Wie ist seine Oberfläche: rau, glatt, löchrig…? Aus welchem Material ist es, wie Teer, Gummi, Schaumstoff oder hat es ein Fell oder Haut…? Welche Farbe hat es? Ist es matt oder glänzend? Welche anderen Gefühle, Bilder, Erinnerungen oder Vorstellungen tauchen während dessen bei Dir auf? Was geschieht mit Deiner Atmung, Deinem Körper?

- Dann gehe einen Schritt weiter: Stelle dieser Gestalt Fragen. Z.B. wofür bist du da? Auf was willst du mich hinweisen? Welche Botschaft hast du für mich? Wovor schützt du mich? Was brauchst du von mir? Oder was immer Dir auf dem Herzen liegt.

- Jetzt erlaube Dir - es mag sein, dass Dich das am Anfang etwas Überwindung kostet - Dich ganz mit der Gestalt zu identifizieren. Werde dieses Wesen oder jener Körper, rund, eckig, glatt oder glibberig, grau oder bunt, aus Watte oder Beton. Fühle Dich so gut es Dir möglich ist ein. Erfahre Dich als diese Identität. Wie fühlst Du Dich in diesem Körper, welche Emotionen sind da, wie nimmst Du die Umgebung wahr. Dann antworte der Person auf ihre Fragen. Teile mit, was Du brauchst, worauf Du hinweisen willst, wovor schützen etc.

- Dann wechsle wieder Deine Gestalt. Werde wieder ganz Du selbst. Wie verändern die Antworten Deine Körperwahrnehmung, Deine Emotionen, Gedanken und Bilder, und auch die Einstellung zu Deiner Symptom-Gestalt?

- Führe diesen Dialog solange fort und wechsele dabei jeweils die Gestalt, bis Du die Botschaft Deiner Symptom-Gestalt verstanden hast; vielleicht sogar, bis Du mit dieser Freundschaft geschlossen hast.
- Mache Dir ein paar Notizen zu diesem Dialog

und Deiner Erfahrung.

Sollte es Dir diesmal noch schwer gefallen sein, Dich ganz mit Deiner Symptom-Gestalt zu identifizieren, kannst Du es immer wieder ausprobieren. Vielleicht mit einem Symptom, dass Dir nicht ganz so viel Angst macht, oder das Du nicht so sehr ablehnst.

Ganz oft, wenn wir an ein für uns brisantes Thema stoßen, aktivieren wir augenblicklich unsere Abwehrmechanismen und wir gehen in den Widerstand. Uns selbst kommt es meist eher so vor, dass wir dies als von "irgendwoher kommend" erleben. Das ist auch verständlich, da wir meist viele Jahre erfolgreich mit der Ablehnung oder Verdrängung dieser Themen und Emotionen gelebt haben und gerade so auch überleben konnten. Wir sagen dann: "Ich will ja, aber ich kann nicht!". Oder "es kommt einfach über mich, ich kann da nichts machen!". Versuche, falls das auf Dich zutrifft, einfach mal zu sagen: "Ich will nicht!". Oder betrachte dieses "Es", das über Dich kommt. Beschreibe es Dir so genau wie möglich und sage dann: "ich lähme mich" oder "ich verspanne meinen Magen" oder was auch immer Dein "Es" ist. Spüre dabei die Wirkung. Ich weiß, dass alleine dies schon Angst und Widerstand auslösen kann. Doch vielleicht wagst Du es ja trotz der Angst und mit ihr, Dich Deinem „Es" immer wieder auszusetzen, statt Dich davon überwältigen zu lassen.

Da es für uns in besonderer Weise schwer ist, Symptome anzunehmen und uns ihrer Botschaft zu öffnen - sie werfen uns ja aus der Bahn, halten uns ab, in der alten Spur rund zu laufen - möchte ich Dir noch eine weitere abgewandelte Möglichkeit der Symptom-Kommunikation aufzeigen. Der Anfang ist wie bei der vorherigen Übung, lege Dir Papier und Farbstifte zurecht:

**Übung 3: Die Symptom-Gestalt 2**

- Schließe Deine Augen, atme ein paarmal ruhig und tief ein und aus, komme ganz bei Dir an, nehme Dir die Zeit, Deinen Körper vom Kopf bis zu den Füßen wahrzunehmen. Achte auch auf unterschiedliche Empfindungen in Deinem Körper, was für Emotionen sind jetzt in Dir? Welche Gedanken, Vorstellungen oder Bilder gehen Dir durch den Sinn?
- Nun lenke Deine Aufmerksamkeit auf Dein

Symptom. Öffne Dich ganz der Wahrnehmung des Symptoms und beziehe die Ebenen der Körperempfindung, Atmung, Emotionen und Gedanken, Bilder und Vorstellungen mit ein. Wenn Du glaubst, der Schmerz oder ein andres Gefühl sei zu groß für Dich, öffne Dich mit jedem Atemzug noch weiter. Lade das Symptom in Deinen Innenraum ein. Das Wahrgenommene erscheint und bewegt sich in Dir und durch Dich, nicht andersherum. Vielleicht ist es dabei not - wendig, Dein Bewusstsein über Deine Körpergrenzen hinaus auszudehnen. Gut, dann mache das mit jedem weiteren Atemzug. Komme von der Ablehnung zum Aushalten und gehe weiter zum Halten. Halte all das Wahrgenommene in Dir.

- Ohne den Kontakt zu Dir und dem Symptom abzubrechen, öffne langsam die Augen und beginne ein Bild zu malen. Es kommt nicht darauf an, dass Du "gut" malen kannst. Male so frei wie möglich einfach das, was in Dir ist.

- Wenn Du fertig bist, lege Dein Bild vor Dich. Betrachte es, lasse es auf Dich wirken. Wie reagiert Dein Körper auf dieses Bild, Deine Atmung. Welche Emotionen tauchen auf, welche Gedanken, Erinnerungen, Vorstellungen? Beschreibe Dein Erleben mit Worten. Was fällt Dir besonders ins Auge? Was zieht Dich an oder stößt Dich ab? ...

- Beginne nun damit, eine Geschichte zu Deinem Bild zu schreiben. Dann gebe Deiner Geschichte einen Titel.

- Lese Deine Geschichte und finde deren Kern (z. B. eine Person hat sich im Wald verlaufen ...). Frage Dich nun, in welchem Lebensbereich dies auf Dich zutrifft. Wo hast Du das Gefühl in die Irre gegangen zu sein, von Deinem Weg abgekommen zu sein? Und wie hast Du Dich bisher davon abgehalten, wieder auf Deinen Weg zu kommen? Gibt es Glaubenssätze, die das verhindern wie z. B. "Ich muss es anderen immer recht machen?" Oder steht die Angst dahinter, dass ein geliebter Mensch sich dann von Dir abwendet, Dich verlässt? Frage Dich nun weiter was Du brauchst, um aus dem Wald heraus kommen zu können, z. B. ein offenes Gespräch mit der geliebten Person?

- Komme nun noch einmal zu Deinem Symptom zurück. Wie fühlt es sich jetzt an? Hat sich etwas verwandelt, bewegt? Wenn ja, was? Wie hat sich Deine innere Haltung dem Symptom gegenüber verändert?

- Mache Dir hierzu Notizen.

> Je umfassender unsere Erfahrung, je weiter das Bewusstsein, umso heiler sind wir.

## Der Schatten

Jetzt wollen wir noch einen Schritt weiter gehen. Bisher haben wir erfahren, dass Körper, Emotionen und Verstand interagieren, ob wir dies bewusst wahrnehmen oder nicht. Aber es gibt noch tiefere (höhere) Ebenen, die sich durch Symptome bemerkbar machen können.

Fast jeder, der in Therapie oder bei Selbsterfahrungsseminaren war, hat schon etwas vom "Schatten" gehört.

Der persönliche Schatten beinhaltet alles, was wir angeblich nicht sind: verlogen, selbstsüchtig, eitel, cholerisch, überheblich, kleinlich usw. Das sind immer die Anderen. Spannend ist, dass wir uns dabei sehr über "die Anderen" ärgern und empören können. Wenn dies passiert, sollte es schon in unseren Ohren klingeln "ah, ein Schattenthema!" Doch selbst wenn wir das wissen, vergessen wir es allzu oft wieder - vor lauter Empörung.

Das klingt zwar nicht gerade erstrebenswert, diese Anteile ans Licht zu holen, doch es wäre trügerisch anzunehmen, dass unsere Schattenthemen ohne Wirkung auf unser Leben bleiben. Sie haben sich ja

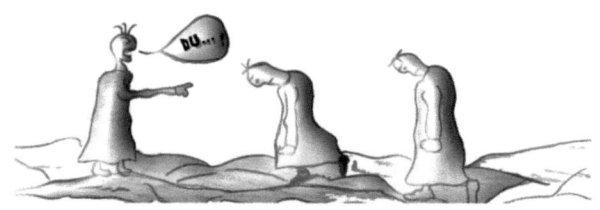

nicht in Luft aufgelöst, nur weil wir sie ausgrenzen, sondern wirken aus dem Dunkel in unser Leben und unsere Beziehungen hinein. Wir projizieren diese Themen auf andere. Und wie kann es anders sein, da wir dies schon bei uns selbst ablehnen, umso mehr bei den Anderen, die uns einen Spiegel vorhalten, in den wir nicht blicken wollen. Deshalb erregen wir uns auch so sehr, wenn uns im Außen unsere Themen begegnen. Und gegen "das da draußen" beginnen wir auch zu kämpfen. Aber es sind wahrhafte Schattenkämpfe, die wir da führen.

Und das bedeutet auch, dass wir fortwährend doppelt Energie aufbringen müssen. Einmal, um unsere Themen im Schatten zu halten - Tag für Tag - und dann für den Kampf im Außen. Wir können letztlich dabei nichts gewinnen, außer hoffentlich irgendwann die Einsicht, dass es vergeblich ist.

Um Dir das Thema etwas angenehmer zu machen: Es liegen jedoch nicht nur die unliebsamen Eigenschaften im Schatten verborgen. Dort können wir auch Spontaneität, Kreativität, Ausgelassenheit … finden. D. h., auch wenn Du jemanden besonders toll findest, ihn oder sie bewunderst für eine Fähigkeit, ist das ein Hinweis auf Deinen Schatten. Natürlich sind es letztlich immer unsere eigenen Bewertungen, die uns den Eindruck vermitteln, etwas sei negativ oder positiv. Doch an diesem Punkt ist es zu früh, sich der Auflösung dieser Dualität zu widmen.

Wurde Dir als kleines Mädchen z. B. gesagt "sei nicht so wild, das gehört sich nicht für nette Mädchen!" kann es sein, dass Du Dich daraufhin von Deiner Spontaneität und Leidenschaftlichkeit abgeschnitten hast. Wurde Dir als Junge z.B. eingebläut, dass Indianer keinen Schmerz kennen (was natürlich im wörtlichen Sinne schon Unfug ist), hast Du vielleicht Deine weiche und verletzliche Seite von da an unterdrückt.

Beleuchte Deinen Schatten, dort wirst Du alles wiederfinden, was die Erziehung und Sozialisierung Dich erst mal gekostet hat.

Wir haben Angst dort hinzuschauen, was aus dem Schatten lauernd auf unsere Aufmerksamkeit wartet. Ganz oft ist es jedoch so, dass der Widerstand das Schmerzhafteste ist. Die Angst "wenn ich einmal anfange zu weinen, kann ich nie mehr aufhören" oder "wenn ich der Wut erlaube sich zu zeigen, schlage ich alles und alle einfach nieder" oder "wenn ich einmal loslasse, entgleitet mir alles!" bewahrheitet sich beim zugewandten Hinsehen nicht.

Denn wenn wir unseren E - Motionen erlauben sich zu bewegen (was im Wort selbst schon enthalten ist), können sie sich auch wandeln.

Es ist wie bei einem Fluss, der von einem Staudamm zurück gehalten wird. Stelle Dir die Kraft des Wassers vor und welchen Druck der Staudamm aushalten muss. So wollen auch unsere abgelehnten Emotionen weiter fließen und üben unendlich großen Druck auf uns aus und wir müssen mit enorm viel Kraft dagegen halten. Bekommt der Staudamm Risse - wird unsere Abwehr porös - spüren wir die Angst vor der Wassergewalt. Stellen wir uns nun aber vor, der Staudamm bricht, das Wasser flutet über die gefallenen Wände, um dann in seiner natürlichen Kraft weiter zu strömen, scheint dies kaum problematisch zu sein.

Unsere Anteile, Themen und Emotionen, die in unserem Schatten schlummern, wollen gesehen werden, sie wollen dazu gehören - sie werden so lange keine Ruhe geben, bis ihnen dies erfüllt wird.

Die erste Schattenübung wollen wir mit der Körperhaltung und -wahrnehmung verknüpfen.

### Übung 4: in den Mokassins des Anderen gehen

- Denke an einen Menschen, der Dich nervt, den Du nicht leiden kannst oder zumindest eine bestimmte Eigenschaft an ihm. Vergegenwärtige ihn Dir so genau wie möglich, welche Körperhaltung, welche Art sich zu bewegen hat dieser Mensch (oder wenn diese Eigenschaft zum Vorschein kommt). Achte auch auf typische Gesten, die Mimik und wie seine Stimme dann klingt.

- Nun gehe selbst in diese Körperhaltung und ahme die Art sich zu bewegen, die Gesten, die Mimik und die Art zu sprechen nach. Bewege Dich so nun einige Minuten durch den Raum. Achte darauf, welche Emotionen auftauchen, wie nimmst Du Deinen Körper wahr, welche Bilder, Erinnerungen oder Vorstellungen gehen Dir durch den Sinn? Frage Dich, in welchen Situationen Du diese Eigenschaft oder Haltung gut gebrauchen könntest (sie vielleicht sogar schon auslebst?) und erlaube Dir auch zuzugeben, wenn es Dir Freude macht, dies jetzt erfahren zu können.

- Mache Dir über Deine Erfahrung Notizen.

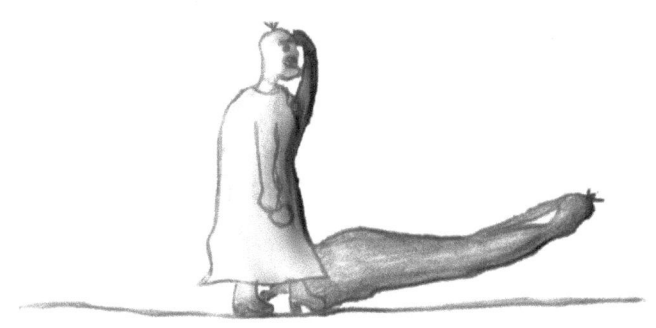

Wenn wir einmal so weit sind, in einen Schattenspiegel zu blicken, sind wir oft erst mal verwirrt. "Soooo bin ich doch nicht", oder "ich kann hier gar keinen Bezug zu mir feststellen." Und es stimmt auch. Soooo sind wir nicht. In der Regel ist der Schattenspiegel auch ein Zerrbild von unserem Thema. Wir müssen dann unseren Blick umstellen. Es geht nicht um genau diese Art und Weise z. B. die Wut auszuleben. Aber es geht darum, der Wut auf unsere Weise einen Platz und natürlichen Ausdruck in unserem Leben zu geben.

Wir haben natürlich auch noch andere Möglichkeiten unseren Schattenthemen auf die Schliche zu kommen. Im Grunde brauchen wir dazu nur Mut, Offenheit und Achtsamkeit. Arnold Mindell (Traumkörper und Meditation S.90) formuliert hierzu folgende Fragen:

- Wann ziehst Du Deine Aufmerksamkeit von einem Objekt, einer Situation, einem Geräusch ab?

- Gibt es einen Körperbereich, auf den Du Dich nicht konzentrieren kannst?

- Gibt es Körperbewegungen, die Dir verboten scheinen?

- Welche Themen willst Du in der Beziehung vermeiden? Welchen Situationen weichst Du aus?

- Was kannst Du in der Außenwelt nicht tolerieren?

Notiere Dir die Antworten. Nur zu leicht gelingt es uns nämlich, die Antworten wieder zu vergessen.

Ich möchte Dir vorschlagen, auch dazu verschiedene Übungen zu machen.

**Übung 5: Schattenspiegel - das Objekt**

Beginnen wir bei dem ersten Punkt: Von welchem Objekt ziehst Du Deine Aufmerksamkeit ab. Beobachte Dich aufmerksam.

- Bewege Dich innerlich auf Deine Grenze zu (auf das Objekt) und vergegenwärtige es Dir. Achte auf alle Emotionen, Gedanken, Bilder, Erinnerungen und vielleicht auch Träume, die dabei in Dir auftauchen. Lasse nun aus der Summe dieser Wahrnehmungen sich eine Gestalt bilden. Beginne mit dieser Gestalt zu kommunizieren. Frage sie, welche Botschaft sie für Dich hat, was sie braucht, worauf sie hinweisen möchte und wie sie Dein Leben bereichern könnte. Wechsel nun wieder Deine Gestalt und identifiziere Dich mit dem Wesen. Fühle Dich so gut es geht in diesen Körper, seine Haltung und den gesamten Körperausdruck ein. Wie geht es Dir bei diesem Menschen? Was wünschst Du Dir? Und antworte dann auf die gestellten Fragen. Nun sei wieder Du selbst. Nehme wieder Deinen Körper, Deine Emotionen, Gedanken … wahr. Hat sich was gewandelt? Wenn ja, was.

- Führe den Dialog so lange weiter, bis Du verstanden hast, was da ins Licht möchte. Vielleicht bist Du bereit, Dich dieser Bereicherung zu öffnen, vielleicht brauchst Du aber noch etwas Zeit. Beides ist völlig in Ordnung. Wenn Du noch Zeit brauchst, teile dies dem Wesen mit.

- Mache Dir Notizen über Deine Erfahrungen und Erkenntnisse.

Wenn wir achtsam und ehrlich mit uns selbst sind, finden wir immer wieder Themen oder Situationen aus denen wir uns heraus winden wollen. Wir wechseln augenblicklich das Thema und ganz oft haben wir auch das Glück, dass uns unser Gegenüber nicht festzunageln versucht. Wenn doch, sind wir meisterhaft unkonkret, geben doppeldeutige oder genervte Antworten und vielleicht drehen wir den Spieß einfach um. Gekonnt spielen wir den Ball zurück und nun ist es der Andere, der Rede und Antwort stehen soll.

Desweiteren sind wir auch plötzlich sehr erfinderisch, weshalb wir jetzt nicht zum Familienbesuch gehen, oder die Bewerbung nicht schreiben können oder, oder, oder... Alle Manöver haben zum Ziel, diesen Themen und Situationen auszuweichen weil - ja, weswegen eigentlich?

Diese Frage stellen wir uns viel zu wenig. Angenehmer ist es, unsere Ausreden für bare Münze zu nehmen. Und für den Augenblick ist es dies wohl tatsächlich. Was sich so aber nicht ereignen wird ist, dass wir die dahinter liegenden Ängste (oder andere Emotionen) wahrnehmen und uns so aus festgefahrenen Vermeidungsstrategien lösen. Der Preis, den wir dafür bezahlen, ist hoch. Wir schränken unseren inneren und äußeren Lebensraum ein und beschneiden unsere Lebenskraft.

Anders, als in manchen Büchern postuliert, bin ich nicht der Meinung, dass man Widerstände zur Not auch gewaltsam durchbrechen müsste, weil erst dahinter das Eigentliche zum Vorschein kommt. Es verstärkt den Eindruck, dass der Widerstand etwas mir Fremdes ist, das weggehauen werden kann. In Wahrheit ist der Widerstand eine höchst kreative Leistung, die wir aus unserem eigenen Vermögen kreiert haben. Nicht etwas sondern ich widerstehe! Und dies immer aus gutem Grund - zumindest für eine gewisse Zeit.

Die meisten Vermeidungs- und Widerstandsleistungen gehen in der Zeit weit zurück bis in unsere Kindheit. Wir wollten überleben - und haben überlebt. Doch als Kind hatten wir viel weniger Fähigkeiten und Ressourcen als heute. Dass wir trotzdem an der Vermeidung und dem Widerstand festhalten liegt daran, dass uns unsere Muster so in Fleisch und Blut übergegangen sind, dass wir ihrer nicht direkt gewahr werden. Wir können letztlich nur ihre Auswirkung sehen oder ein Anderer ist so nett, uns darauf aufmerksam zu machen.

Vielleicht ist heute eine gute Gelegenheit damit zu beginnen, den einen oder anderen Krückstock aus alter Zeit dankbar zu verabschieden.

Nun wollen wir uns mit einer Situation beschäftigen, die Du normalerweise umgehen oder Dich auf andere Weise aus ihr zurückziehen würdest:

**Übung 6: Schattenspiegel - Situationen**

- Setze Dich bequem hin. Komme mit einigen Atemzügen ganz zu Dir. Dein ganzer Körper wird Dir präsent. Vergegenwärtige Dir nun die Situation. Wer ist daran beteiligt? Welches ist Deine Rolle und welche die der anderen in dieser Situation? Welche Emotionen tauchen auf? Wie reagiert Dein Körper? Welche Gedanken, Bilder, Erinnerungen und Vorstellungen hast Du dabei?

- Dann lasse all das los. Achte auf die Essenz, die Energiequalität, die in Dir dabei spürbar wird.

- Nun erlaube dieser Energie, sich frei durch Dich zu bewegen, lasse Dich von ihr ganz langsam bewegen. Folge diesem Bewegungsimpuls. Vielleicht beginnt ein Finger oder die Hand sich zu rühren, oder der Fuß, vielleicht ist auch Dein ganzer Körper mit von dieser Bewegung erfasst. Lasse los. Lasse Dich wie bei einem Tanz einfach von dieser Energie führen. Es ist möglich, dass tatsächlich ein Tanz entsteht, dann tanze. Oder es bleibt bei ganz zarten kleinen Bewegungen - auch gut, dann zart und klein.

- Während dessen achte darauf, was dies bei Dir auslöst. Gibt es Bilder, die auftauchen? Gefühle? Verschwindet während dessen ein Symptom, dass sonst immer spürbar ist, oder wird es stärker? Was, das bisher aus dem

Verborgenen gewirkt hat, träumt sich jetzt gerade auf? Folge dem solange, bis die Bewegung in Dir endet.

- Finde in die Stille zurück. Welche Erfahrung hast Du gerade gemacht? Wie steht diese Erfahrung mit der Ausgangssituation in Verbindung? In welcher Weise kann diese Erfahrung in Zukunft Deine Wahrnehmung solcher Situationen verändern? Hast Du eine Fähigkeit oder Möglichkeit entdeckt, die Dir eine neue Perspektive eröffnet? Welche Bedeutung hat diese Erfahrung auch für andere Bereiche Deines Lebens?

Lasse Dir zu der Beantwortung der Fragen genügend Zeit. Auch in den nächsten Tagen oder Wochen kann es noch sein, dass Du weitere Verbindungen entdeckst. Achte auch auf Synchronizitäten. Wo und auf welche Weise begegnet Dir dieses Thema im Alltag, während Du einem Gespräch zuhörst, einen Film siehst, oder im Internet surfst.

In unserer Zeit ist die Umwelt besonders laut. Straßenlärm, Flugzeuge, Bauarbeiten... Scheinbar

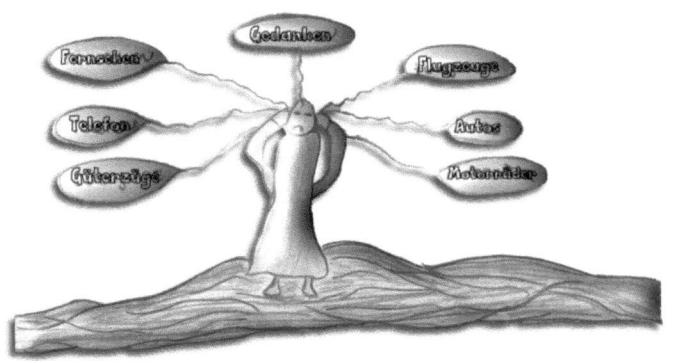

können wir dem Getöse gar nicht entfliehen. Auch in unseren Räumen werden wir meistens beschallt. Der Fernseher ist an, Musik tönt aus dem Radio oder wir stecken uns die Ohrstöpsel des Walkmans, bzw. inzwischen MP3 Players in die Ohren. Auch, wenn wir uns vielleicht öfters über die Dauerbeschallung beklagen - viele von uns ertragen die Stille nicht mehr und weichen ihr aus.

In der Stille könnten wir uns selbst begegnen - doch schon, wenn wir an einer der obersten Schichten angelangt sind - z.B. der Langeweile, lenken wir uns wieder ab. Ein Telefongespräch vielleicht oder doch der Radio? Wir können aber natürlich auch noch anderem in uns begegnen - dem Lärm in unserem Kopf! Vielleicht hast Du Lust, einfach mal 5 Minuten alles laut auszusprechen, was Du denkst. Besonders eindrücklich ist die kleine Übung, wenn mehrere zusammen sie machen. Ihr müsst gar nicht laut sprechen, murmelt einfach vor euch hin!

Wenn Du das nächste Mal auf der Straße über einen Menschen den Kopf schütteln willst, der Selbstgespräche führt, erinnere Dich, dass der einzige Unterschied zwischen Euch darin besteht, dass seine Stummtaste nicht mehr so gut funktioniert.

Jetzt wollen wir uns mit Geräuschen beschäftigen. Bevor wir uns dem für Dich unangenehmen Geräusch zuwenden, lege das Buch zur Seite und nehme Dir Zeit ganz Ohr zu werden. Hilfreich ist es, dabei die Augen zu schließen. Lasse Deine Aufmerksamkeit einfach von einem Geräusch zum nächsten fließen. Löse Dich auch von der innerlichen Benennung der Geräuschursache, wie z. B. ein Auto, der Wind in den Blättern usw. Somit lasse auch mehr und mehr Deine Bewertung der Geräusche los: Ganz Ohr, reines Hören.

**Übung 7: Schattenspiegel - Geräusche**

- So eingestimmt erinnere Dich an das Geräusch, den Ton, den Du so unangenehm findest. Lasse ihn in Dir tönen. Vielleicht hast du ja sogar die Möglichkeit, das Geräusch tatsächlich zu verursachen oder verursachen zu lassen.

- Achte darauf, wie Dein Körper auf den Ton reagiert, welche Gefühle in Dir aufsteigen, welche Erinnerungen und Bilder. Welche Energiequalität transportiert der Ton für Dich? Lasse dieses Geräusch Deinen Köper bewegen. Spüre, was Du damit zum Ausdruck bringst. Stößt Du etwas beiseite oder ziehst Du etwas heran? Ist es eine Bewegung mit aggressiver Kraft, oder schlaff und erschöpft? Nerv aufreibend oder zäh? Gehe ganz in diese Bewegung und lasse einen Satz daraus entstehen, den Du während der Bewegung mehrmals aussprichst.

- Nun bringe das aufgeträumte in Verbindung zu Deinem Alltagsleben. Wo, bei wem oder in welcher Situation würdest Du diesen Satz gerne aussprechen? Wann würde die spezielle Kraft der Bewegung Dein Leben bereichern? Wie hast Du Dich bisher daran gehindert das zu tun? Und wann gab es vielleicht schon Momente, wo Du diese Tendenzen ausgelebt hast? Wie war damals Deine Erfahrung damit?

- Machen Dir Notizen zu Deiner Erfahrung.

Vielleicht ist es manchmal schwierig für Dich, Dir den ganzen Übungsablauf zu merken und es stört Dich, wenn Du immer wieder nachlesen musst. Eine Möglichkeit dem Abhilfe zu schaffen wäre, jemanden zu bitten, Dich durch die Übung zu führen. Wenn diese Möglichkeit für Dich nicht besteht, kannst Du die Anleitungen auch auf ein Aufnahmegerät aufzeichnen. Achte dabei darauf, dass Du Dir genügend Zeit beim Sprechen lässt. Lieber zu langsam, als zu schnell.

**Körper-sein**

Jetzt wollen wir uns unserem Körper zuwenden.

Viele Menschen haben Probleme, ihren Körper ganz und bewusst wahrzunehmen, nicht nur einen Körper zu haben (und diesen ganz oder teilweise ablehnend), sondern körperhaft, wesenhaft zu sein. Auffällig ist auch, dass es immer mehr Körperschema-

und Essstörungen gibt. Sicher, im Laufe der letzten Jahre hat dieses Thema in der Öffentlichkeit wesentlich mehr Aufmerksamkeit bekommen. Trotzdem und trotz der hohen Dunkelziffer von Betroffenen ist diese Störung immer häufiger. Früher waren überwiegend Mädchen und junge Frauen betroffen, nun ist auch die Anzahl der Jungen und jungen Männer beträchtlich angestiegen. Jeder Zehnte, an einer Essstörung erkrankte, ist heutzutage ein Mann. Die Ursachen entsprechen denen der Frauen. Das überall gegenwärtige Schönheitsideal ist auch kaum zu übersehen. Halb verhungerte Mannequins auf den Laufstegen, Plakaten und in jeder Zeitschrift. Auch für Männer hat sich das Vorbild für die neue Männlichkeit drastisch verändert. Zugleich ist es auch ein Indiz innerer Sinnleere und mangelnder Möglichkeit auf Grund inne liegender Fähigkeiten Akzeptanz zu erfahren. Auch das Erleben, begehrenswert zu sein ist eng an die äußere Erscheinungsform gekoppelt.

Doch nicht nur Magersucht und Bulimie zählen zu den Essstörungen und sind damit körperlicher Ausdruck von inneren Konflikten und Zerrissenheit. Wir können uns auch eine "dicke" Haut zulegen, oder um nicht in die Gefahr zu großer Nähe zu kommen, legen wir uns einen Schutzpanzer zu.

Zugleich leben wir aber schon einige Jahrhunderte in einer Welt, in der die Lust am körperlichen Sein und die Freude an der körperlichen Lust als verwerflich gilt. Es steckt noch in vielen von uns das Erbe, dass Sexualität eben für die Kinderfreuden erduldet werden muss. Dass zugleich eine extreme Frauenfeindlichkeit offen ausgelebt wurde (und auch noch immer wird), die Frau als die Versucherin schlechthin, wurde während der Hexenverbrennungen mehr als deutlich. Noch heute sind wir dabei dieses Erbe abzutragen.

Kommen wir zu der Frage zurück, auf welchen Körperteil Du Dich nicht konzentrieren kannst. Lege Dir hierzu ein Blatt Papier und Buntstifte zurecht.

**Übung 8: Schattenspiegel - Körperregion**

- Setze oder lege Dich bequem hin und lenke Deine Aufmerksamkeit auf Deinen Körper. Nimm Dir Zeit und gehe ganz langsam mit Deiner Wahrnehmung vom Kopf bis zu den Füßen. Nehme jeden einzelnen Körperteil wahr und achte auf alle Unterschiede: Druck, Weite, Kribbeln, Taubheit Hitze, Kälte usw. Vielleicht spürst Du auch manche Bereiche gar nicht, oder Du nimmst einen Unterschied der Größenverhältnisse wahr. Wenn Du bei Deinen Füßen angekommen bist, öffne Deine Augen.

- Beginne nun Deine Körperwahrnehmung aufzuzeichnen. Zuerst Deinen Körperumriss in genau den Größenverhältnissen, die Du eben erspürt hast. Die Bereiche, die Du gar nicht spüren konntest, zeichnest Du auch nicht ein. Danach male mit verschiedenen Farben Deine weiteren Wahrnehmungen ein. Z. B. ein Prickeln in den Armen, Hitze in den Ohren... wähle hierzu Farben, die für Dich Deiner Körperwahrnehmung entsprechen.

- Wenn Du damit fertig bist, lege Dein Bild vor Dich. Betrachte es und lasse es auf Dich wirken. Achte darauf, was für Gefühle Dein Bild in Dir auslöst. Schreibe alles auf, was Dich jetzt bewegt.

- Wenn Dein Körperbild sehr extrem ausfällt, z. B. kaum Körperregionen enthält, solltest Du Dich fragen, ob es vielleicht hilfreich wäre, Dir professionelle Hilfe zu suchen. Auch wenn wir viel mit und für uns selbst tun können, so ist es doch sehr schwer, alle Verletzungen und Schattenthemen alleine zu beleuchten und auf den Weg der Heilung zu bringen. Vor allem sind wir bei uns selbst oft betriebsblind.

- Ansonsten beginne mit den verzerrten, tauben ... Körperbereichen einen inneren Dialog, so wie Du es am Anfang schon mit Deinem Körpersymptom getan hast. Nehme Dir auch hier genügend Zeit für jeden einzelnen Bereich. Überlege Dir, ob der Körperteil von Dir negativ beurteilt wird, und wenn ja, was Du an ihm auszusetzen hast. Was glaubst Du, wäre in Deinem Leben anders, vor allem besser, wäre dieser Teil so, wie Du ihn Dir wünschst? Frage Dich, welches Gefühl damit einher geht. Wann hast Du Dich in Deinem Leben schon mal so gefühlt, obgleich der

Körperteil so war, wie er ist? Wodurch ist dieses Gefühl damals entstanden? Wie hinderst Du Dich daran, dass dieses Lebensgefühl jetzt im Vordergrund Deines Erlebens steht?

- Glaubst Du wirklich, dass Dein Leben frei von Minderwertigkeit, Angst u. a. wäre, wenn Dein Körper dort anders beschaffen wäre?

- Nun stelle Dich vor einen großen Spiegel. Sage dem Körperteil, wie es Dir mit ihm geht. Sei dabei absolut ehrlich, schone Dich nicht (das tust Du ansonsten nämlich auch nicht) und tue dies sehr bewusst. Spüre, wie es Dir damit geht, spüre, wie Du mit Dir selbst umgehst.

- Als nächstes lasse Dir wieder genügend Zeit, sage diesem Körperteil vor dem Spiegel, wofür Du ihm dankbar bist, was er Dir, dadurch dass er da ist, alles ermöglicht. Wie viel ärmer Dein Leben ohne ihn wäre. Spüre auch die Wirkung dessen.

Achte in der nächsten Zeit sehr genau auf diesen Körperteil. Spüre ihn, wenn er Dir bestimmte Bewegungen, Körperhaltungen oder anderes ermöglicht.

Kommuniziere regelmäßig mit ihm vor dem Spiegel. Berichte ihm von Änderungen Deiner Einstellung ihm gegenüber, Gedanken, Bilder u. a., das damit zu tun hat.

So kannst Du jedes einzelne Körperthema angehen. Lasse Dir auch dabei so viel Zeit, wie Du brauchst. Es ist schwer, alle Themen gleichzeitig auf eine gute Weise sichtbar und integrierbar zu machen. Doch jeder Schritt wird uns ein Stückchen mehr befreien und bereichern, wie auch unsere Beziehungen mit verwandeln. Also versprochen, Mut zu haben lohnt sich.

Jetzt möchte ich noch einen weiteren Aspekt unserer Körperlichkeit beleuchten.

Unser Körper machte es uns möglich, uns auf etwas zu oder von etwas weg zu bewegen. Er ist damit ein Medium der Nähe- und Distanz-Regulierung. Im Alltag bewerkstelligen wir das nicht nur durch die Überwindung großer Strecken, sondern vielmehr in der Begegnung mit etwas und vor allem mit jemandem in kleinen Bewegungsabläufen. Wir schlagen die Beine übereinander, verschränken die Arme, beugen uns zu jemandem hin oder drehen den Kopf weg und wenden somit auch den Blick ab. Noch unbewusster sind uns die wirklich minimalen Bewegungen. Wir hören plötzlich auf tief in den Bauch zu atmen, spannen unsere Muskulatur im Schulterbereich an und ziehen damit diese leicht nach vorne oder hinten. Schon das leichte Beugen oder Strecken des Rumpfes hat eine gänzlich andere Wirkung und Bedeutung. Wir sehen, Körpersprache ist Körperbewegung.

Kommunikation findet am allerwenigsten über die verbale Sprache statt. Wir alle können mehr oder weniger die Körpersprache von Menschen aus unserer oder ähnlichen Kulturen deuten. Im Bruchteil einer Sekunde erfassen wir die Botschaft und verknüpfen sie automatisch mit dem, was dann vielleicht gesprochen wird. Treten hierbei Inkongruenzen auf, sind wir irritiert. Für uns übersetzen wir dies verbal dann in "er hat das gesagt, aber irgendetwas stimmt da nicht". Bei uns selbst ist das natürlich genauso.

Was hat das nun mit unerlaubten Körperbewegungen zu tun? Ich skizziere mal ein Beispiel:

Nehmen wir an, Du hättest Schwierigkeiten, Menschen - auch und gerade solche, die Dir sehr nahe stehen - zu umarmen. Das heißt, die öffnende, haltende Bewegung steht Dir nicht zur Verfügung. Allerdings ist Dir damit aber auch versagt, selbst zu empfangen und gehalten zu werden. In Dir spürst Du jedoch eine große Sehnsucht nach Nähe und Geborgenheit, wie auch diese Deinem Partner oder Deinen Kindern zu geben. Wenn sich Dir jemand mit diesem Anliegen nähert, versteifst Du Deinen Körper, Deine Atmung wird flacher. Körpersprachlich vermittelst Du Deinem Gegenüber: "Komm mir nicht zu nahe!" Verbal drückst Du jedoch aus:" Ja, komm her!"

Wechsle für einen Augenblick die Gestalt und identifiziere Dich mit dem Gegenüber. Wie nimmt er oder sie wohl die Situation, die Beziehung war? Spürst Du die Widersprüchlichkeit und Irritation? Welche Botschaft hat die größere Wirkung, die sprachliche oder die körperliche?

So gibt es viele Möglichkeiten, wie wir eine Körperbewegung, an die Emotionen, Vorstellungen und Wertungen geknüpft sind, unterbinden. Damit dies gelingt, entsteht eine Gegenbewegung, wodurch die eigentliche Bewegung unmöglich gemacht wird. In diesem Beispiel dient die Erstarrung dem Schutz vor Nähe und Intimität.

**Übung 9: Schattenspiegel - Bewegung**

- Reflektiere nun über Deinen Alltag, beobachte Deine Körpersprache und auch die von anderen. Sensibilisiere Dich auch für widersprüchliche Botschaften. Wähle dann eine Dir verbotene Bewegung aus.

- Frage Dich, was Du damit vermeiden willst und, wie Dir die Vermeidung gelingt. Welche Gegenbewegung oder Versteifung nutzt Du? Mache diese Bewegung nun ganz bewusst. Gehe bewusst in den Widerstand. Spüre, welche Muskeln Du auf welche Weise dazu ent- oder anspannen musst.

- Folge der Gegenbewegung mit geschlossenen Augen. Spüre die Grundqualität dieser Bewegung.

- Lasse diese Qualität ganz Gestalt werden. Erlaube nun, dass die Gestalt sich ganz offenbart. Vielleicht über eine größer werdende Bewegung, einen Tanz, vielleicht über einen Dialog mit Dir, ein Bild oder eine Geschichte. Erkunde Ihre Grenzen.

- Vor was schützt Dich diese Gestalt? Welche Botschaft hat sie für Dich? Ist sie noch aktuell oder ein Relikt aus der Vergangenheit? Brauchst Du ihren Schutz heute noch oder ist es an der Zeit, darüber hinaus zu gehen? Was braucht die Gestalt, um sich wandeln oder lösen zu können? Hast Du gegenwärtig schon Fähigkeiten entwickelt, mit denen Du auf angemessene Weise prüfen kannst, ob Du etwas zulassen oder Dich abgrenzen willst?

- Nehme Dir auch hierfür wieder genügend Zeit. Achte auch auf die Unterschiede Deiner Körpersprache und -bewegung bei verschiedenen Menschen. Wir verhalten und fühlen uns je nach Gegenüber ja auch völlig unterschiedlich.

Wie ist es Dir in den letzten Tagen mit der Wahrnehmung Deiner Gegenbewegung ergangen? Warst

Du erstaunt, wie viel Abwehr da ist, oder konntest Du gar nichts bemerken? Hast Du Unterschiede feststellen können, in Abhängigkeit von Deinem Gegenüber? Wenn ja, hast Du Dich dann gefragt, was diesen Unterschied ausmacht, was der jeweilige Mensch oder auch spezielle Situationen in Dir anklingen lassen?

Natürlich brauchen wir nicht unbedingt eine reale Begegnung, um unsere Reaktionen beobachten zu können. Oftmals reicht es schon aus auf unsere Gedanken zu achten, und deren Auswirkung auf unsere Körperlichkeit…


Bisher haben wir uns mit der Gegenbewegung auseinandergesetzt.

Wenn Du Dich jetzt so weit fühlst, experimentiere mit der bisher verhinderten Bewegung.


**Übung 10: Schattenspiegel - verborgene Bewegung**


Ist Dir die Bewegung schon bewusst? Falls nicht, versuche sie anhand der Gegenbewegung ausfindig zu machen.

- Wie klein oder ausladend darf sie sein? Was löst diese Bewegung bei Dir aus? Darfst Du Dir erlauben, auch die Freude, Lust oder Offenheit zu spüren?

- Hörst Du Verbotssätze in Dir? Wenn ja, wer sagt diesen Satz, Deine Mutter, Vater, jemand anderes? Prüfe, ob Du weiterhin diesem Satz Folge leisten willst, ob das Verbot für Dich heute noch Gültigkeit hat.

- Wenn ja - frage Dich, was daraus für Dich folgt in Bezug auf die verschiedenen Lebensbereiche. Assimiliere diesen Satz und seine Konsequenz so vollständig wie möglich.

- Wenn nein - welcher Satz stimmt dann für Dich, und was bedeutet dies für Dein Leben?

- Phantasiere über die Veränderungen, die damit einhergehen. Auch, wenn Du den Verbotssatz für Dich annimmst ist das eine Veränderung. Du bist bereit etwas, das von außen kam (Vorstellungen eines Anderen), nun vollständig zu Dir zu nehmen, dafür die Verantwortung zu übernehmen und so die daraus folgenden Konsequenzen.

- Spüre die Wirkung all dessen. Du kannst Deine Phantasien auch malerisch zum Ausdruck bringen, niederschreiben, ein Symbol dafür finden oder auf eine andere Weise noch mehr in die Konsensrealität träumen. Sei wagemutig, frech und lasse Dich von Deinem inneren Zensor nicht bremsen. Wenn er Einwände erhebt, nehme sie wahr, doch nicht für bare Münze.

Wir Menschen glauben, was wir uns in unseren Köpfen sagen. Umso öfter wir uns selbst die Geschichten erzählen, um für so wahrer halten wir sie. Erstaunlich, nicht wahr? Kaum überprüfen wir, ob das tatsächlich wahr ist oder kommen auf die Idee, dass es nur ein Aspekt und nicht die ganze letztendlich Wahrheit ist.

Also Mut, glaube nicht alles was der Zensor Dir erzählt. Für den Augenblick geht es ums Träumen und da ist alles erlaubt!

Vielleicht wirst Du feststellen können, dass diese eine Arbeit auch Auswirkungen auf andere bisher verbotene Körperbewegungen bzw. Schattenthemen hat. Natürlich, da alles miteinander in Beziehung steht und nichts isoliert besteht.

Auf diese Weise kannst Du mit den verschiedenen verbotenen Körperbewegungen arbeiten.

> *Alles Ausgegrenzte, ist eine vertane Chance,*
> *auf eine Bereicherung in Deinem Leben.*

## Partnerschaft

Kommen wir zum Thema Partnerschaft. Diese gestaltet sich oft so schwierig, wie die Beziehung zu unseren Eltern. Weshalb das so ist, hat sicherlich verschiedene Gründe. Einer der Wichtigsten ist, dass die erste Beziehung unseres Lebens in der Regel die mit unseren Eltern ist. Hier erleben wir die ersten und oft auch tiefgreifensten Frustrationen, Ablehnung bestimmter Verhaltensweisen, emotionalen Rückzug oder Gewalt bei unerwünschten Gefühlen und Handlungen unsererseits. Als so kleine und biegsame Pflänzchen die wir da noch waren, hat all dies eine unglaublich nachhaltige Wirkung auf uns.

Wir sind von unseren Eltern, solange wir ganz klein sind, existentiell abhängig und sie sind wie Götter für uns. Durch sie lernen wir sehr schnell, wie die (oder ihre) Welt funktioniert, was erlaubt und verboten ist. Diese erste Prägung nehmen wir also mit in unser Leben, wie auch immer sie gewesen sein mag. Es ist leicht nachvollziehbar, dass wir, solange wir nicht Frieden mit unseren Eltern geschlossen haben, das Kind in uns Erwachsenen nicht geheilt ist, in der Nähe und Intimität, die in einer Partnerschaft entsteht, diese erste Prägung in uns auf besondere Weise zum Tragen kommt.

Genau genommen findet unsere Partnerwahl meist schon auf Grundlage dieser Erstprägung statt. Dabei ist es möglich, sowohl "genau das Gegenteil" des gegengeschlechtlichen Elternteils zu wählen, wie auch "ein Double". Erst durch die Verarbeitung und Integration dieser Themen kommen wir in die Lage, eine Partnerwahl zu treffen, die weitaus freier ist.

Spannend sind auch häufig geäußerte Sätze wie "ich will nie so werden, wie meine Mutter/ mein Vater". Hier kämpfen wir meist mit dem gleichgeschlechtlichen Elternteil. In der Jugend und im jungen Erwachsenenalter - solange wir noch gegen unsere Herkunftsprägungen revoltieren - gelingt dies oft scheinbar. Umso mehr Jahre jedoch vergehen, bemerken wir - wenn wir achtsam sind - sehr wohl Anteile beider Elternteile in uns, die sich im Alltag Ausdruck verschaffen.

Haben wir Frieden geschlossen, können wir diese freundlich und wohlwollend begrüßen. Wenn nicht, sind wir eher entsetzt. Haben wir doch so viele Jahre genau dagegen angekämpft. Doch wogegen kämpfen wir? Vielleicht erinnerst Du Dich. Wir kämpfen gegen unseren eigenen Schatten.


Das mag Dir in diesem Zusammenhang vielleicht fragwürdig erscheinen. „Meine Kindheit war doch…, meine Eltern waren doch….". Tatsache ist allerdings, dass unser Gehirn über die Zeit unsere Erinnerungen verändert. Das bedeutet, dass wir in Wahrheit keine Chance haben zu wissen, wie es war. Zudem unterliegt schon die erste Speicherung unserer selektiven Wahrnehmung. Was bedeutet, dass schon die Ausgangserinnerung gefiltert ist. Für unser wiederholtes Leiden an der Vergangenheit scheint dies jedoch irrelevant. Weshalb das so ist? Weil wir im gegenwärtigen Moment leiden. Wir leiden jetzt an einer Geschichte, die von unserem Gehirn abgespielt wird. Unser Gehirn ist aber nicht in der Lage zwischen Vorstellung und Realität zu unterscheiden. Das verkompliziert die Situation noch zusätzlich.

Was ist nun aber das eigentlich Problematische, wenn in unserer Beziehung die ersten Wunden wieder aufbrechen? Dazu sollten wir uns zuerst bewusst machen, wie wir Menschen Erfahrungen ordnen und abspeichern. Wir tun dies nämlich nicht chronologisch. Wäre dem so, könnten wir völlig gelassen erkennen, dass unser Partner/in vielleicht gerade anderer Ansicht ist als wir, doch eine tiefe Dramatik hätte das nicht. Wir könnten auseinander halten, dass die Situation des Augenblicks nichts mit irgendeiner anderen aus früherer Zeit zu tun hat. Doch genau dies können wir eben meistens nicht. Und zwar deshalb, weil wir Erfahrungen thematisch zusammen fassen.

Wollten wir daraus ein Bild machen, könnten wir uns vorstellen, lauter kleine Fässer in unserem Kopf zu haben, die alle unterschiedlich beschriftet sind. Auf einem steht "Minderwertigkeit", auf dem nächsten "Einzelkämpfer" usw.

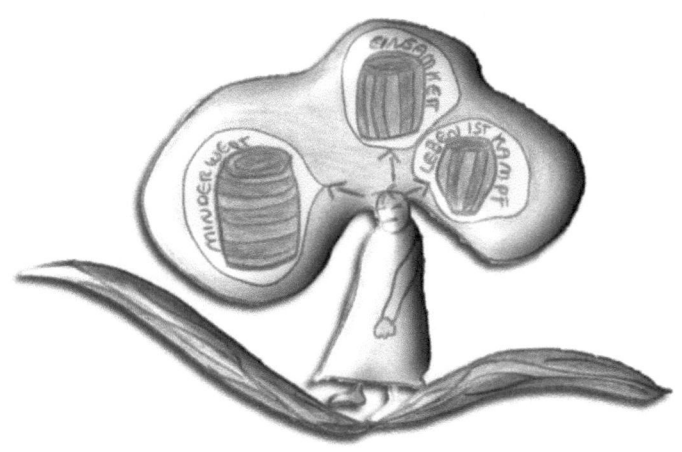

Jedes schwierige und nicht verarbeitete Erlebnis wird in die passenden Fässer gepackt. Wenn wir 30 oder 40 Jahre warten, sind sie meist zum Überquellen gefüllt, selbst wenn wir sie immer wieder vergrößert haben.

Nehmen wir an, Du hast ein Fass auf dem "Minderwertigkeit" steht. Nehmen wir weiter an, nicht die erste, aber einige sehr frühe Erfahrungen in diesem Fass haben mit Deinem Vater zu tun. Er hat zu Dir immer wieder gesagt, "was weißt du denn schon, du bist doch bloß ein Mädchen!" oder "aus Dir wird nie ein richtiger Kerl!" und ähnliches. Nicht nur, dass er dies verbal ausgedrückt hat, er hat Dich dies auch bei den verschiedensten Situationen spüren lassen.

Reisen wir wieder in die Gegenwart: 30 Jahre später sagt Dein Mann zu Dir "da musst Du Dich nicht drum kümmern, das ist Männersache!", oder Deine Frau sagt zu Dir "Mensch, reiß dich doch mal zusammen und setzt dich durch, sei ein ganzer Kerl!" Was könnte passieren? Das Fass geht auf und die Gefühlsintensität, die in Dir los tobt, übersteigt bei Weitem die eigentliche Situation. Zudem kannst Du nicht mehr unterscheiden, wer wirklich vor Dir steht. Du reagierst auf die Summe des Fasses, und nicht auf die augenblickliche Situation. Deinen Partner, mit seiner Absicht Dir das zu sagen kannst Du auch nicht mehr wahrnehmen, sondern Du projizierst eine Person aus der Vergangenheit auf ihn oder sie.

Problematisch ist dies allerdings nur solange, wie es unbewusst bleibt. Jedes Mal, wenn wir bemerken, dass unsere Reaktion eine völlig unangemessene Intensität hat, können wir dies als Faden nutzen, um die alten Wunden zu heilen und so mehr und mehr gegenwärtig auf die tatsächliche Situation zu reagieren. Das wird zu einer enormen Entlastung in der Beziehung führen. Zumal wir zu der Erkenntnis kommen können, dass es nicht unser Partner ist, der sich ändern muss, sondern wir es selbst in der Hand haben, den Spiegel, der uns vorgehalten wird, zu ergreifen und hineinzublicken. Wenn wir unsere bisherige Position bzw. Rolle verändern, bewegen sich alle dazu gehörigen Teile einer Gemeinschaft meistens mit. Das macht deutlich, dass jeder Wachstumsschritt, den wir gehen, ein Schritt für alle anderen ist.

Doch nun wollen wir uns der oben angeführten Frage zuwenden:

Welche Themen willst Du in der Beziehung vermeiden?

**Übung 11: Schattenspiegel - Beziehung**

- Du kannst durch Eure gemeinsame Vergangenheit streifen, Dich im Alltag beobachten, vielleicht bemerkst Du bei dieser Frage auch gleich einen unangenehmen Druck im Magen und weißt sofort zumindest ein Thema, um das Du schon lange herum schiffst.

- Schenke einem Thema Deine Aufmerksamkeit und stelle Dir vor, dass Du genau dieses jetzt mit Deinem Partner/in besprichst. Hole

Deinen Partner/in dazu in Deinen Innenraum, und achte auch auf den Ausdruck seiner Augen, Gesten und Mimik. Welche Körperreaktionen bemerkst Du bei Dir? Welche Emotionen tauchen auf? Was erzählt Dir Dein Verstand? Ist es ein verbotenes Thema zwischen Euch, oder liegt die Abwehr und Angst in Dir begründet?

- Was ist Deine schlimmste Vorstellung, das schrecklichste, das Dir passieren kann, wenn Du es doch aussprichst? Gibt es alte Erfahrungen die diese Ängste und Vorstellungen in Dir verfestigten? Was genau sind Deine Ängste? Verletzt, verspottet, ausgelacht zu werden, oder abgelehnt, kritisiert und verlassen zu werden?

- Führe das Gespräch in Dir und höre auch, was und wie Dein Partner Dir antwortet.

Im Anschluss mache Dir genau bewusst, was es ist, das Du eigentlich zu vermeiden suchst. Und versuche dann, Deinem Partner dies tatsächlich zu sagen. Z. B., "ich würde gerne mit Dir über … sprechen, doch ich habe Angst, dass Du mich dann nicht mehr liebst/ verlässt/… So kann es möglich werden, eine

Basis des Vertrauens zu schaffen, die es dann möglich macht, über die Sache selbst zu sprechen.

Um so öfter es Dir gelingt, mit Deiner Angst über diese bisherige Grenze zu gehen und Du feststellst, dass Deine schlimmste Vorstellung nur ein Gedanke, doch nicht die Realität ist, um so leichter wird es Dir weiterhin fallen, mutig weitere Themen anzugehen. Falls sich Deine Befürchtung tatsächlich bewahrheiten sollte, stelle Dir die Frage, ob Du weiterhin Deinem inneren Kind die Führung überlässt oder ob Du beginnst, als Erwachsener Dir neue Handlungsweisen zu erarbeiten, unabhängig davon, wie Dein Gegenüber reagiert.

Gibt es bei Deinem Partner grundsätzlich keine Gesprächsbereitschaft, reagiert er stets aggressiv oder auf andere Weise verletzend, könntest Du überprüfen, ob:

- er oder sie ein Schattenthema von Dir lebt, (ich bin es nicht, die bockig ist!?)

- ob Du diese Verhaltensweise länger erdulden möchtest. Falls nicht, wäre ein Dialog über Eure Art der Kommunikation als nächster Schritt vielleicht hilfreich.

In gleicher Weise kannst Du Situationen in Deinem Leben aufgreifen, denen Du bislang ausgewichen bist.

## Draußen

Nun will ich auf den letzten Punkt der oben angeführten Fragen eingehen: Was kannst Du in der Außenwelt nicht tolerieren?

Wenn wir die Nachrichten sehen oder hören, die Zeitung lesen oder auch nur an unseren Arbeitsplatz kommen, stoßen wir immer wieder auf Ereignisse, Situationen, letztlich Menschen, die ein Verhalten an den Tag legen, dass uns zutiefst zuwider ist, abstößt, nervt, wütend oder fassungslos macht. In der Regel gehen wir auch hier zunächst davon aus, dass wir "so etwas" nie tun würden. Wir manipulieren, unterdrücken, überlisten, betrügen nicht und würden auch niemals Krieg führen!

Ja, tatsächlich?

Irgendwie tun wir genau dies meistens doch!

Solange wir Anteile von uns selbst loswerden wollen, in unserer Partnerschaft Eigenschaften unseres Gegenübers bekämpfen, die Schnarchbacke vor uns auf der Straße lautstark beschimpfen und unser Chef sowieso der Allerletzte ist, machen wir genau all das. Aber auf diese Ebene sind wir zuvor schon eingegangen. Die Verbindung geht jedoch von unserem persönlichen Krieg in jeden tatsächlich stattfindenden hinein. Die energetische Qualität unterscheidet sich nicht.

Verständlich ist, dass ich den Unfrieden in mir immer auch in die Welt trage und projiziere. Gibt es vielleicht noch andere Wirkungen, die diese Verbindung vom Persönlichen zur Umwelt herstellt?

> Jede Aussöhnung mit mir selbst, macht die Welt ein Stückchen friedlicher.

## Systeme

Jeder von uns gehört bestimmten Systemen an. Als aller erstes natürlich unserem Familiensystem. Dabei ist es gleichgültig, ob Du das selbst verneinst. Es ist völlig nebensächlich, ob Du 3000 km von Deinen Eltern entfernt lebst und seit 10 Jahren kein Wort mehr mit ihnen gewechselt hast oder nicht. Es ist auch egal, ob Deine Eltern Dich verstoßen haben - für diese Betrachtung zumindest, denn in diese Familie bist Du hinein geboren und wer einmal dazu gehört, hat dort für immer einen Platz, auch wenn einem dieser vielleicht nicht gefällt.

Dann gibt es noch weitere Systeme, denen wir angehören. Unsere selbst gegründete Familie, Freundeskreis, Arbeitsplatz, Herkunftsland usw. In jedem dieser Systeme gelten bestimmte Regeln.

Wir spüren sehr genau, was wir bei den jeweiligen Systemen tun oder lassen müssen, um weiter dazu gehören zu dürfen. Wir alle reagieren auf androhende Verstoßung oder Ausschluss meist mit dem Gefühl von Schuld, Scham und Angst. Wenn wir uns an die Regeln halten, werden wir mit dem Gefühl der Unschuld belohnt. Dies ist der Aspekt der Zugehörigkeit, der durch unser persönliches Gewissen geregelt wird wie auch der nachfolgende Punkt.

Haben wir von jemandem aus dem System etwas bekommen ohne etwas zurückgegeben zu haben, tritt der Aspekt des Ausgleichs ein, den wir als Verpflichtung wahrnehmen,. Die einzige Ausnahme besteht bei Eltern und ihren Kindern. Hier ist es die Aufgabe der Kinder, das ihnen Gegebene an ihre Kinder (oder in anderer Form an die Welt) weiterzugeben. Im umgekehrten Falle erleben wir dies als Anspruch. Das Wechselseitige Geben und Nehmen von Gutem stärkt die Bindung, wohingegen der Austausch von Schlechtem die Bindung stört.

Das persönliche Gewissen schließt auch bestimmte Personen des Systems aus. Es entscheidet nach "Gut und Böse" und kann somit dahin führen, dass einer ausgeschlossen wird, wenn er z.B. einen Mord begeht.


Anders verhält es sich mit dem kollektiven Gewissen eines Systems. Dies wirkt auf einer tieferen unbewussten Ebene, dafür aber umso stärker. Es dient der Gruppe und nimmt den einzelnen in den Dienst für die Gemeinschaft. Hier hat jeder hat das gleiche Recht auf Zugehörigkeit und keiner darf ausgeschlossen werden, jenseits von Gut und Böse. Das bedeutet, dass auf dieser Wirkungsebene auch der

Mörder seine Zugehörigkeit niemals verlieren kann. Völlig unabhängig von seiner Bestrafung durch die Gesellschaft oder auch von Familienangehörigen, die den Kontakt mit diesem Menschen abgebrochen haben.

Probleme kann es zum einen zwischen dem persönlichen und dem kollektiven Gewissen geben, wenn z.B. das persönliche Gewissen jemanden ausschließt, während das kollektive Gewissen jeden im System behält. Dies führt dann zu Verstrickungen. Einer aus dem System wird in den Dienst genommen, um auf den Ausgeschlossenen hinzuweisen. Dies hat meist eine persönlich lebensfeindliche Wirkung, da das Schicksal des Ausgestoßenen in ähnlicher Weise wiederholt wird, zumindest in Bezug auf die Ursache der Ausgrenzung.

Eine weitere Schwierigkeit kann auftreten, wenn sich verschiedene Systeme begegnen. Wir können dies u.a. erleben, wenn wir eine eigene Familie gründen und dadurch 2 Systeme aufeinander treffen, die auch unterschiedliche Regeln haben, während wir eigentlich dabei sind ein neues System zu gründen. Welchem bleiben wir treu? Wie gut gelingt der Drahtseilakt? Wie ähnlich sind sich die beiden

Herkunftssysteme, um uns in das jeweils andere gut einfügen zu können?

Erst wenn wir bei der dritten Ebene des Gewissens angekommen sind - der Bewegung des Geistes - werden alle Grenzen aufgelöst. Der Geist ist allen und allem gleichermaßen zugewandt, ohne Wertung. Die geistige Bewegung ist es, die jeden einzelnen erfasst und ihn auf seine Weise bewegt. Doch in den seltensten Fällen schwingen wir frei in diesem weiten Raum, sondern meist bleiben wir verhaftet und innerhalb der Grenzen des persönlichen und kollektiven Gewissens. Deshalb wenden wir uns nun wieder den beiden ersten Ebenen zu.

Wir können daraus erkennen, dass es automatisch immer Grenzen zu anderen Systemen gibt. Ob kleinere Familiensysteme, der politische Gegner, die Materialisten oder ein anderes Volk. Wer dazugehört ist drinnen, und alle anderen sind draußen. Jedes System versucht sich selbst zu erhalten, d. H. die Grenzen zu sichern vor zu viel Außeneinfluss, der das bisherige homöostatische Gleichgewicht zerstören könnte und ab einem gewissen Punkt auch würde. Damit dieses Gleichgewicht auch von innen gehalten werden kann, ist es leider fast an der Tagesordnung, die Schatten des Systems nach außen zu projizieren. So haben wir dann das Feindbild erschaffen. Und wie wir es von uns persönlich schon erfahren haben, dass wir im Außen bekämpfen, was wir bei uns nicht sehen wollen/ können, erleben wir das auch in den Systemen. Es reicht, wenn wir uns nur wenige Stunden mit der Kriegspropaganda z.B. von Hitler beschäftigen, um das deutlich erkennen zu können.

Wie es auch uns im Kleinen schwer fällt, in Fällen der Projektion den anderen klar und vor allem als Menschen zu sehen, umso schwerer fällt es in Systemen. Und beim Aufbau von Feindbildern ist dies natürlich auch nicht erwünscht. Durch die Entmenschlichung ist der Weg frei für alle destruktiven Kräfte, die nun einem "gutem Zweck" zu dienen scheinen.

Zwei Faktoren spielen hier eine wesentliche Rolle. Zum einen kann man beobachten, dass wenn viele Menschen zusammen sind, leicht so etwas wie eine Massenhysterie auftritt. Die Menschen werden dann viel schneller angesteckt von Gedanken und Emotionen, als dies in einem Gespräch zu zweit möglich wäre. Als Teil eines solchen Systems unterliegen wir auch einem Gruppenkodex. Sich als Einzelner gegen eine Gruppe zu stellen kann uns viel kosten. Zu manchen Zeiten und an einigen Orten sogar das Leben. Zum anderen fühlt sich der Einzelne in der Regel nicht mehr persönlich verantwortlich, der Geist des Einzelnen weicht dem Gruppengeist. Wenn wir uns mit der Geschichte des 3. Reiches oder vergleichbaren Ereignissen beschäftigen, werden wir auch das erkennen können.

Vielleicht reicht es aber auch schon aus zu beobachten, wie sich die Menschen in einer Stadt (und wir selbst uns) verhalten, wenn jemand angegriffen wird. Sind wir augenblicklich bereit zu helfen, einzugreifen? Warten wir ab, wie sich die Anderen verhalten? Schrecken wir zurück? Sind wir erstarrt? Neugierig?...

Sichtbar ist jetzt auf jeden Fall, dass wir viel weniger eine persönliche freie Wahl haben als wir dies gemeinhin annehmen, sondern dass wir eingebunden, verbunden und oft auch verstrickt sind mit den Menschen aus den Systemen, denen wir angehören. Dieser zwingenden unbewussten Kraft haben wir kaum etwas entgegenzusetzen.

Wir haben uns bis jetzt mit der Frage beschäftigt, was wir im Außen nicht tolerieren können. Desweiteren auch erste Überlegungen angestellt, wie die Zugehörigkeit zu Systemen uns bewusst und unbewusst beeinflusst.

Jetzt möchte ich Dir eine kleine Übung dazu vorschlagen, die Du im Alltag mindestens einige Tage anwenden kannst.

**Übung 12: Das Chamäleon entdecken**

- Welche Muster und Strategien hast Du, um Dich Deinem jeweiligen Umfeld perfekt anzupassen?

- Welche Verhaltensweisen darfst Du auf keinen Fall an den Tag legen; wie würden diese abgestraft in den verschiedenen Systemen?

- Beobachte Dich und die Menschen in Deiner Umgebung aufmerksam. Wie reagierst Du/ die anderen, wenn etwas Neues einzudringen versucht, wie eine neue Bekanntschaft Deines Partners/ Partnerin?

- Ein neuer Mitarbeiter/in ins Team kommt und vielleicht noch super Leistungen bringt, was dem Chef sehr gefällt? Welche Strategien hast Du/ die Anderen mit der Situation umzugehen? Wie fühlst Du Dich tatsächlich? Oder was kannst Du diesbezüglich bei den Anderen wahrnehmen? Was bringt Dich oder die Anderen dazu zu klatschen, schlecht über andere zu sprechen?

- Was bringt Dich oder andere dazu Intrigen zu spinnen oder Mobbing zu betreiben?

- ... Und was glaubst Du, ist je nach Deiner Erfahrung daran anders als der Krieg zwischen zwei Ländern?

- Stelle Dir vor oder, wenn Du mutig bist probiere es aus, wie es sich anfühlt, wenn Du "aus der Reihe" tanzt, wie verhalten sich die anderen, welche Konsequenzen hat es tatsächlich?

Wichtig ist, dass Du herausfindest, was Du durch all das zu vermeiden suchst, wie z. B. Gefühle von Minderwertigkeit, Verlustangst usw. Wenn Du das erkannt hast, schaue mit Deinem neuen Wissen in die Welt. Der ganze Wahnsinn da draußen findet statt, weil alle so sind wie Du und ich.

Vielleicht mögen wir uns unterscheiden in den Strategien, die wir anwenden, um unseren tiefen Schmerz nicht zu spüren. Und mit Sicherheit haben wir nicht alle die gleiche Machtposition, wie die paar wenigen, die im Fernsehen im Rampenlicht stehen oder im Hintergrund die Fäden ziehen. Doch zur Ausführung braucht es genau wieder solche wie uns - Dich und mich - damit der persönliche Wahnsinn zum Weltenwahnsinn werden kann.


Ich habe keinen Weg, damit Du nie wieder Angst, Minderwertigkeit oder Wut spüren musst. Das kann auch nicht das Ziel sein. Diese Gefühle gehören zum Menschsein dazu. Es ist jedoch möglich, einen anderen Umgang damit zu finden.


Kehren wir nach diesem Exkurs wieder zu der Ausgangsfrage zurück: Was in der Außenwelt kannst Du nicht tolerieren?

Bevor ich Dir hierzu die nächste Übung anbiete, finde heraus, was Du nicht tolerieren kannst, bzw. wähle etwas das Dir schon bewusst ist aus.

**Übung 13: Schattenspiegel - "völliger no-go"**

- Nehme Dir zwei Kissen oder zwei Blatt Papier. Gehe damit in einen leeren Raum. Wende Dich nun spürend dem Thema zu und finde dafür im Raum am Boden einen Platz, den Du mit dem einen Kissen oder Papier markierst.

- Nun spürst Du nach, wo im Raum in Bezug auf das Thema Dein Platz wäre. Auch hier legst Du wieder das Kissen oder Papier auf den Boden. Stelle Dich nun auf oder direkt hinter das Kissen auf Deinen Platz.

- Schließe die Augen, komme ganz bei Dir an, erforsche, wie es Dir auf diesem Platz geht. Wie spürst Du Deinen Körper? Wie ist Dein Stand? Wie Deine Atmung? Welche Emotionen kannst Du wahrnehmen? Wenn Du so auf Deinem Platz angekommen bist öffne Deine Augen.

- Schaue zu dem, was Du nicht tolerieren kannst, z.B. Intoleranz. Nehme dabei wahr, ob sich in Deinem Körper, an Deinem Stand, Deiner Atmung oder Deinen Emotionen etwas verändert. Dann erlaube Dir frei alles auszusprechen, was Du Deinem Gegenüber sagen möchtest, wie: "ich finde Dich völlig überflüssig und es macht mich rasend, dass es so viel (Intoleranz) von Dir auf der Welt gibt, ginge es nach mir, würde ich Dich ausmerzen! ...".

- Wenn Du fürs Erste alles gesagt hast, trete aus Deiner Position heraus. Löse Dich ganz davon und gehe, wenn Du Dich bereit fühlst, auf den Platz des Gegenübers, stelle Dich z.B. in die Intoleranz. Hier ist es wichtig, dass Du Dir auch wieder Zeit nimmst und Dich so gut wie möglich öffnest, damit Deine vorhandene Meinung Dir dies nicht verwehrt. Schließe Deine Augen und nehme (als das, was Du nicht tolerieren kannst) Deinen Körper, Deinen Stand und Deine Atmung wahr. Dann gehe weiter zu Deinen Emotionen.

- Öffne nun die Augen und schaue zu der Person Dir gegenüber. Wie geht es Dir mit ihr? Was lösen ihre Worte in Dir aus? Was möchtest Du gerne antworten? Bist Du bereit mitzuteilen, wie es Dir tatsächlich geht? Es wäre möglich, dass sich z.B. die Intoleranz gar nicht eng und rigide anfühlt, sondern Angst hat etc.

- Wechsle dann wieder den Platz und wiederhole dies so oft, bis "ihr" euch ausgesprochen habt oder es nicht mehr weiter geht.

- Dann setze Dich hin und spüre Deinem Erlebnis und der "Begegnung" nach. Was hast Du erfahren? Hat sich Dein Bild von dem, was Du im Außen nicht tolerieren kannst verwandelt? Hast Du vielleicht erkannt, wann und wie Du genau das Gleiche tust?

- Mache Dir hierzu Notizen

*Nicht was passiert ist von Bedeutung, sondern, wie wir damit umgehen.*

## Träume

Sicher hast Du im Laufe Deines Lebens schon die Erfahrung gemacht, dass Träume verschiedene Qualitäten aufweisen.

Es gibt solche, in denen wir Alltagserlebnisse verarbeiten, oder die uns eine Lösung für ein Problem finden lassen. Der Rat, erst einmal über eine Entscheidung oder ein Problem zu schlafen ist ein guter. Bekannte Wissenschaftler, Künstler und Forscher haben schon berichtet, dass sie die Lösung im Schlaf gefunden haben. Auch wenn wir oft nicht mehr wissen, wie der Inhalt des Traumes war, hat unser Unbewusstes die Dinge sortiert, umgebaut oder Wissen angezapft, das uns weiter hilft und uns so zur Verfügung gestellt wird.

Dann gibt es die wirren Träume, die uns Rätsel aufgeben und solche, die eindeutig eine Botschaft aus einer tieferen Ebene für unser Leben oder unseren Lebens - Wandel überbringen. Nennen wir diese archetypische Träume.

Manchmal träumen wir auch von zukünftigen Ereignissen, woran einige Menschen schwer tragen. Vor allem dann, wenn sie von dem Tod einer nahestehenden Person oder einem Unglück träumen.

Und natürlich noch die Träume, in denen wir bewusst eingreifen und sie gestalten.

In den allermeisten Träumen haben wir einen Traumkörper. Und es kann auch vorkommen, dass wir zudem noch aus einer Beobachterperspektive uns und dem Traumgeschehen zuschauen können, oder nur als körperloses Bewusstsein dabei sind.

Erst einmal möchte ich auf den Traumkörper zu sprechen kommen. Mit diesem können wir oft ganz erstaunliche Dinge, wie fliegen, levitieren, die Körperform und das Aussehen verändern, wir überleben unbeschadet schwere Unfälle u. v. m.

Aber was ist dieser Traumkörper?

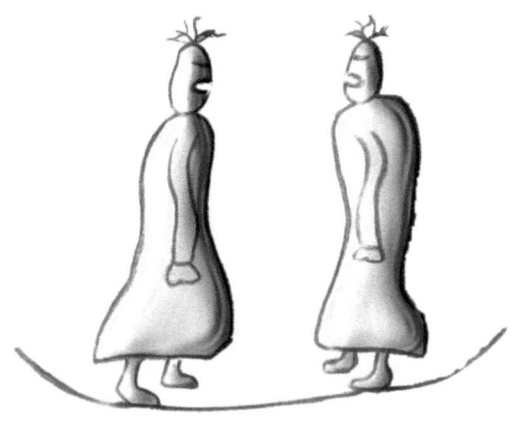

Unser Traumkörper wird unter anderem auch als unser Doppelgänger bezeichnet. Dieser verschwindet nicht einfach, wenn wir erwachen. Was macht er also? Träumt er weiter? Wenn Du magst, spüre dem einfach mal nach - unser Traumkörper träumt weiter, auch wenn wir mit unserem Alltagsleben beschäftigt sind!

Nochmals - träumt er weiter? Ja! Das würde aber auch bedeuten, wir könnten mit ihm in Kontakt kommen, wenn wir unsere Aufmerksamkeit im Alltag umlenken. Du fragst Dich, weshalb Du das tun solltest? Ganz einfach! Unser Doppelgänger ist mit Ebenen unseres Seins verbunden, die wir im Alltagsbewusstsein nicht wahrnehmen. Es liegt nicht daran, dass „er" das nicht will. Nein, wir schneiden uns im Laufe unserer Sozialisation immer mehr von den anderen Ebenen ab und damit auch von der Verbindung zu unserem Traumkörper.

Es sollte klar verstanden werden, dass der Begriff „Traumkörper" als Symbol gemeint ist. Ein Symbol für einen Teil von uns Selbst, der für die aller meisten von uns nahezu komplett unbewusst ist. Nur, wenn wir uns an unsere Träume erinnern, bekommen wir eine Ahnung, einen Geschmack von diesem Teil. Im Wachzustand drückt sich der Traumkörper auch über unsere Körpersymptome, Beziehungskonflikte und vieles mehr aus. Doch auch hier sind wir meist nicht in der Lage auf der Ebene des „Träumens" darauf zu reagieren. Dies würde erfordern, dass wir eine andere Art von Aufmerksamkeit schulen. Weg von der gewohnten und in der westlichen Gesellschaft auch stets geforderten Beta-Wachsamkeit (Beta- wegen der Gehirnwellenbezeichnung), hin mindestens zu einem Alpha-Bewusstsein. Ein luzides Träumen, das 24 Stunden anhält und uns so den jeweils wirkenden „Geist" oder das „formende Feld" wahrnehmbar macht. (Arnold Mindell hat viel über den Traumkörper geschrieben).

Alle vorherigen Übungen sind so gestaltet, dass Botschaften des Traumkörpers „aufgeträumt" werden und, übersetzt in die Sprache des Betabewusstseins, uns zu Integration und Wandlung verhelfen. Vielleicht hast Du also inzwischen schon einen Geschmack vom Aufträumen der Traumkörperbotschaft bekommen.

**Übung 14: Den Traumkörper kennenlernen**

- Als kleine Übung möchte ich Dir vorschlagen, dich in den nächsten Tagen immer wieder zu fragen/ hinzu spüren - was macht mein Traumkörper gerade? Was träumt er? Wie ist sein Träumen beschaffen?

- Tue dies ganz entspannt. Es ist jetzt nicht wichtig, ob Deine Wahrnehmung stimmt. Es geht erst mal nur darum, Deine Aufmerksamkeit immer wieder auf den Traumkörper und das Träumen hin auszurichten.

- Wenn Du Dich abends schlafen legst, heiße Deinen Traumkörper willkommen und sage ihm, dass du ihn gerne wieder kennenlernen möchtest.

Notiere Dir Deine Gefühle, sonstige Wahrnehmungen und Ahnungen.

In unserer Kindheit ist es für uns selbstverständlich gewesen, multidimensional zu leben, wenn wir dies auch nicht bewusst getan haben. Ich habe als Kind bei meiner Großmutter immer Wolfsohren auf der Bettdecke gesehen. Es war dunkel, ich war allein mit den Wölfen und das machte mir Angst. So rief ich laut nach meiner Oma. Sie kam und machte das Licht an, damit ich sehen konnte, dass es nur das Laubmuster auf der Steppbettdecke war. Ich glaubte ihr so lange, bis das Licht wieder aus und sie aus dem Zimmer war. Du hast so etwas sicher auch in Deiner Kindheit erlebt oder erlebst es jetzt gerade als Mutter, Vater, Oma oder Opa anders herum.

Ich träumte als Kind aber auch öfter davon, als Hund zu rennen. Ich rannte in dieser wunderbar kraftvollen Verkörperung die Straße entlang in der wir wohnten. Ich genoss die Freiheit, die Muskelkraft und die ursprüngliche Verbundenheit, meine Instinkte (auch, wenn ich das damals nicht so bezeichnet hätte). In dieser Zeit wollte ich auch oft Milch aus einer Schale vom Boden schlappern. Ich spielte Katze oder Hund. Meine Eltern ließen mich gewähren, und so begann ich spielerisch und unbewusst mein Tier zu zähmen.

Auch wenn es letztlich mehrere Schritte brauchte - mit jeder Entwicklungsstufe kommen neue Herausforderungen (man denke nur an die Pubertät), um "den Wolf in mir" heimzuholen: heute weiß ich, dass ich das wilde Tier in mir nicht fürchten muss. Es ist ein guter Verbündeter. Der Wolf - oder sein Nachfahre der Hund, der sich an den Menschen gewöhnt hat, lehrt mich viel. Dies ist ein Beispiel, dass nicht nur im Träumen selbst, sondern auch in anderen Bewusstseinszuständen das Träumen weiter geht und wir so die Möglichkeit haben, die Botschaft, einen Anteil oder eine Lösung aus den anderen Ebenen zu empfangen und zu integrieren.

In meinem Beispiel zeigte sich diese Botschaft im Schlaf - Traum, im Dämmerzustand vor dem Einschlafen und im Alltagsbewusstsein.

In einer Lebensphase, in der ich mehr bettlägerig als agil sein konnte, war es mein Traumkörper, der wild rannte, spielerisch tobte, wohingegen in einer persönlichen Lebenskrise mein Traumkörper mich anleitete, wie ich mit den immensen Energieschüben umgehen konnte ohne zu zerbersten. Als ich Jahre später mit dem Yoga begann, erkannte ich, dass einige Übungen denen glichen, die mein Doppelgänger mir zeigte.

Wenn wir also wieder lernen, mit unserem Doppelgänger bewussten Kontakt zu pflegen ist das, als holten wir den lange vermissten Zwilling nach Hause, mit all seinen Geschenken, die er aus der Anderswelt mitbringt.

Natürlich versucht „der Andere" permanent mit uns in Verbindung zu treten – was es für uns dann umso leichter macht! – und er tut dies z. B. über eine Veränderung in der Stimme, bestimmte Körperhaltungen und Körperbewegungen, Körpersymptome, Krankheiten und auch in Träumen. Im Wachzustand benötigen wir jedoch eine besondere Achtsamkeit, um das wahrnehmen zu können, da uns seine unterschwelligen Signale sonst entgehen.

**Übung 15: Wahrnehmung des Hintergrundes**

- Setze Dich bequem hin, komme ganz zu Dir und Deinem Körper. Spüre Deinen Atem ohne ihn absichtlich zu verändern. Öffne Dich dem, was in Dir auftauchen möchte. Welche Wahrnehmung zeigt sich dabei im Vordergrund? Ein Körperschmerz, eine Emotion, eine Situation, die Du erlebt, doch noch nicht ganz verdaut hast? Verfolge aufmerksam, was sich Dir zeigt.

- Nun lenke Deine Aufmerksamkeit auf eine

Wahrnehmung, die völlig im Hintergrund ist. Vielleicht ein leichtes Summen im Ohr, ein Zucken im Muskel u. a. Greife dies auf, wende Dich dem ganz zu und wenn es eine körperliche Erscheinung ist (ein Zucken od. ä.) verstärke langsam willentlich diese Bewegung. Dann lasse Dich führen – vielleicht wird ein Tanz daraus oder ein statische Körperhaltung, dann erforsche diese ganz. Was löst es in Dir aus? Welche Emotionen, Bilder, Gedanken, Erinnerungen tauchen auf?

- Wenn es z.B. das Summen im Ohr ist, greife das Summen selbst auf. Summe mit und lass Dich von dem Ton/ den Tönen weiter führen. Vielleicht wird ein Lied daraus, ein rhythmische Klang der Dich zum Tanzen animiert oder es steigen Bilder in Dir auf wie z.B. ein Bienenschwarm. Folge allem, was sich in Dir auf träumt.

- Im Anschluss frage Dich, was dies mit dem Thema/ Symptom zu tun hat, das als erstes in Deiner direkten Aufmerksamkeit aufgetaucht ist. In welcher Weise gibt Dir das aus der zweiten Aufmerksamkeit Erfahrene einen Hinweis, eine Antwort darauf. Es kann sowohl der Zusammenhang deutlicher werden, wie auch daraus ein Lösungsweg für Dich sichtbar werden. Lasse Dir dafür Zeit und achte auf Synchronizitäten in der nächsten Zeit.

Schreibe Deine Eindrücke und Erfahrungen auf.

Wer sich näher mit dem Traumkörper und der zweiten Aufmerksamkeit beschäftigen möchte, kann die Bücher von Carlos Castaneda und Arnold Mindell studieren.

> Traumkörperarbeit bedeutet, mit unseren bisher unbewussten Anteilen, in bewusster Kommunikation zu sein.

## Bewusstwerdung durch Träume

Wie wir an der Unterschiedlichkeit der Traumqualitäten gesehen haben, halten unsere Träume auf den verschiedensten Ebenen wichtige Botschaften für unser Leben und unsere Entwicklung bereit.

Wie können wir nun aber all die verschiedenen Ebenen begreifen, verbinden, verstehen und für unser Alltagsleben nutzen? Als Beispiel möchte ich einen Traum kreieren und dann Schritt für Schritt die Möglichkeiten daran aufzeigen.

Ich träumte von Tante Gertrude, sie saß im Wald an einem Feuer und lächelte mir zu, als sie mich erblickte. Mir war unheimlich zu Mute und mir war, als würde um das Feuer nicht nur meine Tante, sondern auch andere, unsichtbare Wesen sitzen. Meine Tante lud mich ein, mich dazuzusetzen, was ich dann auch zögerlich tat. Nun wachte ich auf.

**Die erste Traum-Ebene**

Welche Eigenschaften und Fähigkeiten hat Tante Gertrude, die für mich besonders hervorstechend sind? Entweder, dass ich diese sehr positiv finde (und glaube sie selbst nicht zu haben). Oder, dass ich diese negativ bewerte. (Weshalb lehne ich sie ab? Wofür könnten sie dennoch hilfreich sein? Wo nutze ich sie vielleicht schon?)

Sie hat einen wirklich grünen Daumen. Vor allem

Heilkräuter wachsen bei ihr besonders gut. Ich weiß, dass sie auch mit ihren Pflanzen spricht und all ihre Heilwirkungen kennt. Sie stellt aus ihnen Salben, Tinkturen, Tees und Säfte her. Schon als Kind haben mir diese immer geholfen gesund zu werden, wenn sie auch entsetzlich geschmeckt haben.

Sie war auch eine wunderbare Märchenerzählerin, und auch heute versteht sie es, in Geschichten und Fabeln ihr Heilwissen zu erklären.

Sie hatte nie viel Geld und lebt auch heute noch in sehr bescheidenen Verhältnissen, doch weder vermittelt sie den Eindruck Mangel zu leiden, noch fehlte es mir je an etwas, wenn ich auf Besuch bei ihr war. Sie lebt aus der Fülle heraus – aber einer anderen, als wir dies normal verstehen. Sie strahlt ein tiefes Vertrauen in das Leben und das Göttliche aus.

Auch wenn ich mich bei ihr und vor ihr immer wieder geängstigt habe, vermittelte sie mir stets das Gefühl bei ihr geborgen zu sein. Sie hatte immer etwas von einer Urmutter.

Betrachtung

Ich fühle mich in letzter Zeit oft abgekoppelt von der Natur, gehe kaum noch in den Wald und fühle mich nicht gut geerdet, nicht sicher und aufgehoben. Seit einigen Jahren beschäftige ich mich auch nicht mehr mit Heilung. Meine Nähe zu anderen Wesen der Erde ist mir verloren gegangen. Ich weiß nicht genau weshalb, doch etwas ängstigt mich an der Vorstellung, mich wieder meiner Intuition, der Stimme meines Herzens und der Mutter Erde zu öffnen. Ich glaube, ich fürchte, das Leben, das ich jetzt lebe, zu verlieren ohne zu wissen, was dann auf mich zukommt.

In meinem Traum lädt Gertrude mich ein, zu ihr ans Feuer, zu den Wesen und auf den Boden der Mutter Erde zu kommen. Sie lädt mich ein, mich wieder auf meine natürliche Verbindung zu allen Wesen einzulassen. Zugleich erinnert mich der Traum an eine Liebe aus meiner Kindheit – nämlich Heilkräuter zu pflanzen und zu verarbeiten, mich überhaupt mit Heilung zu beschäftigen.

**Die zweite Traum-Ebene**

Wie ist meine Beziehung zu Tante Gertrude? Was zeichnet diese Beziehung im Besonderen aus? Gibt es eine besondere Nähe (was macht diese möglich?) oder gibt es besondere Spannungen (weshalb?) oder gibt es Berührungsängste (wodurch entstehen diese?), was wird über das Traumerleben sonst noch über die Beziehung deutlich?

Als Kind war ich ihr sehr nahe, sie war wie eine Großmutter für mich, da sie schon älter war. Ich liebe sie, habe aber auch Angst vor ihr. Sie scheint mit Mächten verbunden, die ich fürchte und nicht greifen kann. Trotz der Nähe haftet ihr etwas Geheimnisvolles an, das mich auch neugierig macht.

Seit ich die Naturnähe in meinem Leben vermeide, ist auch die Beziehung zu meiner Tante distanzierter. Ich besuche sie kaum noch und wenn, erzähle ich mehr aus meiner „schnellen und lauten" Welt, damit ich mit der anderen Seite erst gar nicht in Kontakt kommen kann. Ich glaube, dass es jetzt an der Zeit ist, sie so bald wie möglich wieder zu besuchen. Vielleicht gelingt es ja, diese alte tiefe Verbundenheit zwischen uns wieder lebendig werden zu lassen.

**Die dritte Traum-Ebene**

Welche inneren Teile symbolisieren die Traumelemente/ Traumgestalten? Meist werden diese Anteile als fremd, vergessen, bedrohlich oder unerreichbar wahrgenommen.

**<u>Tante Gertrude:</u>**

Meine eigene Liebe zur Natur, mein Interesse (wenn auch lange verschüttet) an Heilpflanzen und Heilung; auch der Teil, der aufgehoben und voller Urvertrauen im Leben steht, im Fluss ist.


**Der Wald:**

Das Unbewusste, Verborgene, Urweibliche, das Geheimnisvolle, gebärende, nährende und verschlingende, zyklische, Ausdruck für Werden und Vergehen. Ein Hinweis, dass ich mir meiner Weiblichkeit wieder bewusster, und ich auch die weiblichen Kräfte wieder mehr in mein Leben integrieren soll. Dass ich auf meine Intuition vertrauen darf.


**Das Feuer:**

Das Feuer ist eine männliche, eine transformierende Kraft. Der Phönix aus der Asche, zu Neuem auferstehen, das Alte opfern, um das Neue damit zu düngen, der Mut loszulassen, damit Raum für das Neue entstehen kann. Ein Hinweis, diese Kräfte auch in mir wieder zu entfesseln und diese nicht länger zu unterdrücken. (Ich habe in der letzten Zeit auch viele Infektionen).


**Die unsichtbaren Wesen:**

Fähigkeiten, Kräfte, die durch die Transformation sichtbar und ins Leben gebracht werden können, die Rückanbindung an höhere Mächte.

Wie können wir nun diese dritte Ebene entschlüsseln?

Anders als bei den vorhergehenden, die durch Nachdenken und Innenschau klar werden, müssen wir hier jedes Traumelement als Teil und eben auch verdrängte Anteile von uns selbst erkennen. Eine Möglichkeit besteht darin, sich den Traum zu vergegenwärtigen und sich dann nacheinander mit allem einzeln zu identifizieren. Ich erlebe mich also als Tante Gertrude, die am Feuer sitzt, fühle mich ganz da hinein, spüre die Intention... und dann in das Feuer usw. Es kann auch hilfreich sein, den einzelnen Traumelementen im äußeren Raum einen Platz zu geben, um sich dann tatsächlich in deren Energiefeld hineinzustellen oder zu setzten. Wird allen Teilen gleichzeitig ein Platz im Raum gegeben, kann ich so auch die Verbindung und Beziehung der Teile zueinander erfahren.

**Übung 16: Traumarbeit**

- Wähle einen Traum oder Traumausschnitt und versuche diese ersten drei Ebenen für Dich zu entschlüsseln.

Jetzt wollen wir uns weiter mit der Traumarbeit und den Traumebenen beschäftigen.

Betrachtungen

Als ich mit Tante Gertrude identifiziert war, sagte sie: Deine Zeit ist jetzt gekommen und ich werde Dir alles Wichtige in Erinnerung rufen, so dass Du mein Erbe antreten kannst, wenn ich gehe.

Das Feuer sprach, ich werde das Alte und Überflüssige verbrennen und Dir somit helfen, in Dein neues Leben zu gehen.

Der Wald sagte, von mir bekommst Du die Kraft und den Schutz den Du brauchst, aber auch das Wissen um das Geheimnis der Zeit.

Die Unsichtbaren: „Wir sind hier und warten auf Dich schon viele Jahre, jetzt bist Du bereit. Du brauchst uns nicht zu fürchten - wir werden Dir das Neue Wissen bringen, das sich so mit dem Erbe Deiner Tante verbinden kann."

Ich selbst (auch im Traum): Ich fürchte mich, doch gleichzeitig weiß ich mit absoluter Gewissheit, dass ich keine Wahl habe. Auch hier im Traum bin ich mir darüber bewusst, dass all die Krankheiten und auch vieles andere in meinem Leben schon Hinweise darauf waren, dass ich nicht so weiter leben kann wie bisher. Es gibt auch Ängste, der Anforderung nicht gewachsen zu sein, denn hier in diesem Kreis im Wald wirkt die Aufgabe gewaltig.

So könnte sich ein Traumgespräch in der Essenz anhören.

Welche Wirkung könnte dies auf mein Leben haben?

Wie könnten meine nächsten Schritte in der Alltagswelt aussehen?

Die Essenz der drei Ebenen könnte mich zu Tante Gertrude bringen, dort erzähle ich ihr von dem Traum und auch, wie schade ich es finde, dass wir uns voneinander entfernt haben, dass ich aber auch mit „ihrer" Welt nichts zu tun haben wollte. Der Traum mir jedoch verdeutliche, dass es Zeit für mich sei, mich dieser Seite in mir mit Hingabe zu widmen…Daraus wird sich zwangsläufig eine große Veränderung meines bisherigen Lebens ergeben. Es wird Bereiche und vielleicht auch Menschen geben, von denen ich Abschied nehmen muss…

**Die vierte Traum-Ebene**

Diese bringt uns wieder zum Thema Traumkörper. Hier kann ich in Erfahrung bringen, welche Botschaft mein Traumkörper mir senden möchte.

Eine Möglichkeit dies zu erfassen wäre:

Vergegenwärtige Dir Deinen Traum und lasse alle konkreten Bilder, Worte los. Spüre einfach die Grundenergie/ das Grundgefühl des Traumes (oder greife ein besonderes Gefühlserleben einer Sequenz auf). Öffne Deine Wahrnehmung ganz für dieses Gefühl. Wo im Körper ist es besonders spürbar? Nach einigen Minuten beginnst Du mit Deiner Hand oder Deinen Händen dieses Gefühl als Bewegung auszudrücken, während Du völlig präsent bleibst, ganz im Erfahren. Vielleicht drückt Deine Hand immer wieder die gleiche Geste aus - dann spüre, was diese in Dir auslöst, vielleicht weitet sich Deine Bewegung aber über Deine Hände hinaus aus, zu einer ganzkörperlichen Skulptur, einem Tanz oder ähnlichem. Folge der Bewegung so lange, bis Du spürst, dass sie sich vollständig ausdrücken durfte. (Es ist genauso möglich, dass sich Dir ein Symbol zeigt, Du eine Melodie hörst oder anderes - folge einfach allem, was in Dir auftaucht).

Dann setzte Dich still hin, höre, fühle in Dich hinein. Welche Erfahrung hast Du gerade gemacht und welche Botschaft wurde Dir so vermittelt?

Aus „meinem Tanz" zu dem Traum entstand ein Zwiegespräch. Als zöge mich etwas (mein Traumkörper) nach vorne und ich dann wieder zurück, als würden wir ringen miteinander. Schrittweise stolperte ich dann nach vorne, doch mein Widerstand blieb bis ich fühlte, dass ich vor etwas stand (ich weiß nicht was, vielleicht die Unsichtbaren?). Dann löste sich die Spannung, die Gegenwehr und ganz langsam zog es mich nach unten, wo ich kniend vor "dem etwas" zur Ruhe kam.

**Übung 17: Traumarbeit II**

- Ich lade Dich ein, sowohl die Verbindung der ersten drei Ebenen für Dich zu finden, wie auch mit Deinem Traum oder Traumelement die vierte Ebene zu erkunden.

# Die Archetypen

## Die fünfte Traumebene - Teil I

Die fünfte Ebene verbindet uns mit den Archetypen. Nicht jeder Traum reicht in alle Ebenen hinab, z. B. bei den vielen Träumen, in denen wir das Alltagsgeschehen verarbeiten oder neu erlerntes Wissen integrieren.

Ein Archetyp ist ein im kollektiven Unbewussten und damit in jedem Menschen angelegtes Urmuster. Da es verschiedene Archetypen gibt, kann man sie als strukturierende Wirkfaktoren verstehen. Archetypen umfassen die Urerfahrungen der Menschheit - unabhängig von Kultur und Zeit. Damit gemeint ist z. B. Geburt, Kindheit, Mutter, Vater, Alter usw.

Da der Archetyp an sich unfassbar im Unbewussten bleibt, sind es die archetypischen, symbolischen Bilder in Träumen, Visionen, künstlerischen Werken, Märchen und Mythen, die als vermittelndes Element für uns einen verstehbaren Zugang schaffen oder typische Situationen und Orte.

Symbole erlauben keine eindeutige Übersetzung, sie sind vieldeutig, regen zu Assoziationen an und lösen geistige Ideen aus. Da diese Urbilder im kollektiven Unbewussten angelegt sind, ist es naheliegend, dass es Kernassoziationen gibt, die so unterschiedlich die verschiedenen Kulturen und Zeiten auch sein mögen, sich sehr stark ähnlich sind.

Betrachten wir uns z. B. den Kreis und das Kreuz. In den meisten Kulturen ist der Kreis ein Symbol für die Ganzheit, Vollständigkeit und Geschlossenheit. Auch die Himmelskörper werden hier assoziiert. Das Kreuz wird in Zusammenhang mit den Himmelsrichtungen und den Elementen gebracht, jedoch auch mit dem Mittelpunkt. So wird der Kreis mit dem Himmel und das Kreuz mit der Orientierung im Raum assoziiert (bzw. das Quadrat).

Bekannte Archetypen sind z. B. Anima & Animus, , der Narr, die alte Weise/ der alte Weise, der Krieger/ die Kriegerin, der Herrscher/ Herrscherin, der Schöpfer, der Zerstörer, der Held, die große Mutter…

## Jung beschreibt 4 Hauptkategorien von Archetypen:

- der persönliche Schatten (unterdrückte und verdrängte Anteile).Verfolgungsträume können ein Hinweis auf Schattenthemen sein.

- Anima & Animus, die gegengeschlechtlichen psychischen Anteile, die uns auch in Träumen dazu auffordern, integriert zu werden.

- Die alte Weise oder der alte Weise, die Verbindung zur Weisheitsschicht unserer Psyche, die idealerweise immer öfters unsere Lebensentscheidungen leitet.

- Das Selbst umfasst unsere Gesamtpsyche. Hier finden wir die Steuerungs- und Entwicklungsinstanz der Psyche.

Im Laufe unseres Lebens werden wir von verschiedenen Archetypen beeinflusst. Alleine unsere lebenszeitliche Entwicklung bringt dies mit sich. Gemeint ist hiermit, dass wir nach der Kindheit in die Pubertät kommen (ein großer Übergang), dass wir von zu Hause ausziehen, heiraten, eigene Kinder bekommen, uns als Erwachsene allen möglichen Anforderungen stellen müssen... Jeder dieser Phasen unterliegt der Macht bestimmter Archetypen – wir können uns dem Erleben dessen gar nicht entziehen. Allerdings fällt es uns nicht immer leicht, diese Urkräfte zu bewältigen und zu integrieren.

Sind die Grenzen zu unserem Unbewussten zu weit geöffnet und hat eine Person keine starke Ich - Entwicklung erlebt, kann die Kraft der archetypischen Bilderwelten durchaus auch das Ich überwältigen. In diesem Kontext meint das „ich" die Summe unserer Abwehrmechanismen, unserer erlernten Muster und ritualisierten Handlungsabläufe, mit denen wir sicherstellen, dass unser alltägliches Leben funktionsfähig bleibt.

**Übung 18: Archetypen**

- Welche Archetypen hast Du in Deinem Leben schon kennengelernt?

**Ebene fünf – Teil II**

Betrachtungen

Ich wende meine Aufmerksamkeit wieder auf den Traum von Tante Gertrude. Wir wollen erforschen, welche archetypischen Symbole in diesem Traum zu erkennen sind.

1. Tante Gertrude ist die Verkörperung der Heilerin und weisen Frau (Verbindung von mehreren Archetypen)

2. Der Wald steht für das Weibliche, er ist dunkel und geheimnisvoll

3. Das Feuer ist Symbol für Wandlung und Transformation und wird dem männlichen zugerechnet. Somit haben wir auch die Vereinigung von dieser speziell männlichen und weiblichen Kraft als Thema.

Auch auf dieser Ebene wird deutlich, dass die weise Frau und Heilerin, das zutiefst Weibliche sich in meinem Leben integrieren, gelebt werden will. Doch wie kann es mir gelingen, dies auch zu verwirklichen? Hier gibt das Feuer (die männliche Kraft) mir Gelegenheit dazu.

Ich wende mich spürend der archetypischen Essenz des Traumes zu und lasse mich so tief wie möglich von dem Weiblichen, der Weisen und Heilerin erfassen. Aus dieser Wahrnehmung heraus male ich ein Symbol. Ich denke nicht darüber nach, welches Symbol wohl passend wäre, oder welche vorhandenen Symbole ich für diesen Bereich schon kenne – ich erlaube mir, das für mich stimmige Symbol ahnend aus meiner Tiefe zu schöpfen.

Im Anschluss beginne ich zu assoziieren. Welche Verbindungen entstehen so?

Nun schreibe ich eine Geschichte, meine Geschichte, ohne Prüfung des kritischen Verstandes.

Erst im nächsten Schritt beginne ich die Geschichte auf mein Leben zu beziehen. Welche Richtung wird mir aufgezeigt? Welche Möglichkeiten habe ich, dies in der Alltagsrealität umzusetzen? Was muss ich dafür aufgeben? Welche Ängste noch überwinden? Welche Fähigkeiten erwerben? Welche Ressourcen aktivieren?

In diesem Moment beginnt der Weg der Integration von der geistigen Ebene in die Alltagsrealität zu führen. Hier darf ich nicht abbrechen, wenn ich wirklich möchte, dass mein Traumerleben zu Wandlung und Erweiterung für mein ganzes Wesen wird.

Ich kann noch nicht wissen, wohin mich der Weg führt, wovon er mich wegführt – doch eines ist sicher – es ist eine abenteuerliche Reise, auf die ich mich begebe.

**Übung 19: Deine Traumreise**

- Beginne jetzt, Deinen eigenen Traum in dieser Weise zu entschlüsseln. Wenn Du Dir unsicher bist, welche Bedeutung bestimmte Symbole haben, versetzte Dich einfach in sie hinein und erspüre ihre Qualität von innen heraus. Du kannst überhaupt nichts verkehrt machen, es ist einzig eine spannende Reise zu Dir selbst und durch Dich weit über Dein Persönliches hinaus.

Obwohl es noch weitere Traumebenen gibt, möchte ich es hierbei belassen. Mit diesen fünf Ebenen ist es uns schon möglich sehr tief in ein Wandlungsgeschehen einzutreten, wenn wir dazu bereit sind.

*Sind wir dazu bereit, können Traumbilder zu Wandlungsbildern werden.*

# SEIN - TEIL II

## Anknüpfung

Vielleicht fragst Du Dich, was all die vorangegangenen Themen mit der Verknüpfung, von der ich zu Anfang sprach, zu tun haben. So möchte ich jetzt einen Bogen spannen, der wieder die grundlegende Absicht meiner Arbeit transparent macht.

Mein erstes Anliegen war, mehrere Räder wieder miteinander zu verbinden. Und genau das war es, was die Erarbeitung und Erfahrung all der vorangegangenen Themen und Übungen bewirken sollte.

- Ich habe bei der personalen Ebene, unserem Schatten und mit Themen, die sich bisher vor uns verborgen haben begonnen.

- Bin zu unserem physischen Körper weitergegangen, um ihn wieder bewusst mit all seiner Weisheit und Ausdruckskraft in Besitz nehmen zu können.

- Habe die Dynamik unsere Beziehungen zu Eltern und Partnern beleuchtet, damit wir immer besser unterscheiden können, was im Ursprung zu uns gehört, in welchen Situationen wir auf unser Gegenüber projizieren.

- Damit es zunehmend möglich wird, uns in den Beziehungen zu öffnen und uns so mit unseren Wunden und Schwächen zeigen zu können. Jetzt kann eine tiefere und aufrichtigere Begegnung möglich werden.

- Im nächsten Schritt wurde die Wirkung von Systemen auf unser Leben beschrieben.

- Und zuletzt ging es um unsere Träume und unseren Traumkörper und wie wir die wichtigen Botschaften auf der personalen, wie auf der kollektiven Ebene für uns entschlüsseln können.

Dies alles, und ich weiß, dass dies noch lange nicht umfassend ist, gehört zur Heil-Werdung dazu. Dies alles sind Puzzlestücke unserer umfassenden Persönlichkeit. So können alte Muster weichen, weil uns neue und größere Möglichkeiten als zuvor zur Verfügung stehen. Doch noch sind wir dabei vom kleinen ich zum ICH zu transzendieren.

Erst wenn wir diesen Part erfüllt haben „ich bin dies, und das gehört auch zu mir...", sind wir meist stark und reif genug, die Fäden wieder zu lösen. Doch dann auf ganz andere Weise als zuvor, nicht aus Abwehr, Angst und Scham. Wir müssen nicht mehr dissoziieren. Es ist, als wären wir zuvor noch nicht in der Lage gewesen, selbstständig zu gehen, deshalb haben wir uns Krücken zugelegt, mehrere davon, für die verschiedensten Zwecke jeweils ein Paar. Durch die Integration unserer abgelehnten Anteile wurden wir fähig selbstständig zu gehen und konnten eine Krücke nach der anderen wegschleudern.

Wir haben unsere personale Seelenlandschaft tief – sicher nicht endgültig – erforscht, wir haben begonnen, die Verbindung zu kollektiven Bereichen zu erspüren und ihre Wirkungen entdeckt.

Unsere Bewusstheit hat sich ausgedehnt, unser Weltbild sich mit jedem weiteren Schritt gewandelt. Als hätte man in einem lange geschlossenen Haus alle Fenster und Türen geöffnet und ein frischer Wind würde den alten moderigen Geruch der längst vergangenen Zeit hinaus wehen.

Dieses Haus ist ein Symbol für unser "ich", in dem wir nun mehr Räume kennen und auch den einen oder anderen Schleichweg entdeckt haben. Doch noch immer umgeben uns Mauern, noch immer haben wir einen sicheren Rückzugsort, der uns abgrenzt und uns definiert. Wir sind größer und weiter – ohne Frage. Wir haben Fäden zusammengeführt, von denen wir zuvor nicht einmal ahnten, dass es sie gab. Doch die große Freiheit ist es noch nicht geworden.

> Wer wagt es, durch die offene Türe zu gehen, ohne Rückkehr?

## Freiheit

Natürlich sucht nicht jeder bewusst nach der Freiheit. Die meisten Menschen wünschen sich einfach ein gutes, glückliches Leben und glauben, dies in der bisherig bekannten Lebensform zu finden. Wenn nur noch der eine oder andere Teil sich so wandeln würde, wie sie es gerne hätten. Doch in dieser Dimension ist alles der Dualität und dem Wandel unterworfen. Wie sollte daraus dauerhaftes Glück erwachsen? Irgendetwas oder irgendjemand oder man selbst spukt einem stets in die Suppe.

Der Eine oder Andere hat für sich erkannt, dass es in "diesem" Leben nicht wirklich gut werden kann und dadurch hat sich eine Sehnsucht entfesselt - die Sehnsucht nach Freiheit.

Freiheit heißt jedoch nicht einfach ohne Verantwortung zu leben, wie es so oft verlockend angenommen wird. "Oh, wie schön, ich kann tun und lassen was ich will!" Eigentlich ganz im Gegenteil. Freiheit bedeutet die ganze Verantwortung für sein Leben zu übernehmen. Allem, was in meinem Wahrnehmungsfeld auftaucht, bin ich bereit zu begegnen. Ich projiziere nicht mehr nach außen, weiche nicht mehr aus. Alleine dies mag schon einige erschrecken. Viel lieber kümmern sie sich um die Angelegenheiten anderer, als um ihre eigenen oder verbleiben bei dem alten Spiel „die böse Welt und ich", und das ist auch ein verständlicher, bekannter und weitverbreiteter Trick.

Die erste Frage, die wir uns stellen können ist: Freiheit wovon? Und hier fällt uns meist sehr viel ein: körperliche Krankheiten, einschränkende Glaubensmuster, unangemessenes Pflichtgefühl, Schuldgefühle, Leiden im Allgemeinen. Aber beantworte Dir diese Frage doch selbst.

**Übung 20: Freiheit wovon?**

- Wovon wünschst Du Dir Freiheit?

Und dann kommt die zweite, meist sehr viel schwierigere Frage:

**Übung 21: Freiheit wofür?**

- Freiheit wofür?

Ja, wofür streben wir nach Freiheit? Falls wir Freiheit" von" erreichen, was dann? Ich glaube, nicht umsonst fürchten so viele von uns im Verborgenen die Freiheit. Leben ohne Sicherheitsnetz?

**Übung 22: Ohne Sicherheitsnetz?**

Was würde das für Dich bedeuten? Erforsche doch mal Dein Leben, betrachte Deine Sicherheitsnetze. Wie sehen sie für Dich aus, wie sind sie beschaffen?

- Einen Arbeitsplatz zu behalten, der einen über Jahre zermürbt?

- In einer Beziehung zu verharren, in der die Liebe sich schon lange verabschiedet hat?

- Freundliche Miene zum Bösen Spiel zu machen, weil – ja, warum eigentlich?

- Fürsorge vorzuheucheln, hinter der sich seit Jahren genervte Wut versteckt, wozu?

Ich glaube, diese Fragenliste ließe sich endlos fortsetzen. Doch das muss ich nicht. Finde Deine eigenen Fragen und mache Dich auf den Weg, Deine Antworten zu finden. Irgendwo, meist näher an unserem Bewusstseinsrand als uns lieb ist, finden wir die Antworten. Nimm Dir auch hierfür wieder genügend Zeit.

Natürlich geht es nicht um solche Fragen, nicht vorrangig. Unsere Sicherheitsnetze sind oft nicht sichtbar hinter unseren Wünschen und unserer Unzufriedenheit verborgen. Wir kommen ans Eingemachte, wenn ich mich z.B. den Fragen zuwende

- Welche Vorstellung habe ich von der Beziehung in meiner Partnerschaft? Treue, Loyalität, Stabilität, Dauer etc.? Was wäre, würde ich diese Vorstellung aufgeben und damit auch sämtliche Erwartungen, wie ich oder der Andere zu sein hat? Mich völlig unwissend und stets neu auf mein Gegenüber beziehend?

- Welche Vorstellungen habe ich bezüglich meiner anderen Beziehungen, welche Erwartungen trage ich in diese hinein? Was würde geschehen, wenn ich völlig offen und frei in die Begegnung gehe und auch auf Erwartungen der Anderen nicht mehr einsteige? ...

- Welches Selbstkonzept habe ich? Welche

Verhaltensweisen muss ich deshalb kultivieren? Was wird wohl passieren, wenn ich alle Erwartungen, Ansprüche und Bilder über mich selbst loslasse und auch die über die anderen Menschen? Wer bin ich ohne dieses Korsett?

- Wer bin ich ohne irgendein Konzept?

Und ab jetzt möchte ich mit Dir gemeinsam dieses Sicherheitsnetz auftrennen, das Wagnis eingehen, das Abenteuer, der Unendlichkeit zu begegnen, angehen.

Das, was dieses Netz für jeden von uns beinhaltet mag sehr verschieden sein. Doch das Material, aus dem es besteht, ist bei uns allen gleich. Woraus ist also dieses Netz gemacht?

Es ist geknüpft aus unseren Vorstellungen, Meinungen, Überzeugungen, Erinnerungen, Gedanken und Bewertungen; letztlich aus den Konzepten, mit denen wir unser Selbstbild füttern und uns die Welt erklären. Weiterhin gehört alles dazu, was wir meinen, wenn wir „ich und mein" sagen. Durch diese Selbst- und Weltdefinition erfahren wir ein Gefühl von Beständigkeit und Sicherheit, doch zugleich bedeutet es auch, dass wir unaufhörlich dabei sind auszugrenzen und uns einzugrenzen.

*Ich* bin dies und nicht das. *Ich* bin so und du bist anders... Das spannende ist, umso häufiger wir uns unsere Welt bestätigen, umso hartnäckiger glauben wir daran. Spannend daran ist, dass wir so gut wie nie überprüfen, ob all diese Annahmen sich überhaupt als wahr erweisen oder heute noch Gültigkeit für uns haben. Doch das habe ich an anderer Stelle schon erwähnt.

Natürlich sind wir eingebunden in Systeme - wie zuvor ja auch schon angesprochen wurde. Alle Menschen um uns herum unterstützen uns dabei, in der Ab- und Ausgrenzung zu bleiben. Denn auch die Meinungen, Erwartungen und Vorstellungen der anderen über mich haben ihre Wirkung. So helfen wir uns täglich gegenseitig dabei, die Konzepte aufrecht zu erhalten, die wir in uns tragen. Wir bestätigen uns gegenseitig in unserer Alltagstrance.

Tatsächlich fällt es uns oft schon sehr schwer, wenn ein anderer eine unterschiedliche Ansicht über etwas hat, das für unser Selbst- und Weltbild von Bedeutung ist. Deshalb streiten wir, deshalb führen wir unter anderem Kriege. Eine Bedrohung unserer Werte können wir oft nicht einfach tolerieren und schon gar nicht beide Ansichten gleich-gültig nebeneinander bestehen lassen. Einer muss doch schließlich Recht haben und in der Regel natürlich ich selbst! Denn welche Konsequenzen hätte es, wenn beide Ansichten ein Teil der Wahrheit wären oder beide eine Illusion?

Wenn wir dieser Frage nachspüren, wird sichtbar, dass es dann zunehmend schwieriger würde, einen Standpunkt zu finden. Wer bin *ich* dann und was geschieht weiterhin mit mir, wenn *ich* mich nicht mehr auf eine feste Konstante beziehen kann? Wie damit umgehen, dass „das Böse" dann auch in meine Welt eintritt, dass alles Ausgegrenzte nach und nach nicht mehr außerhalb, sondern alles innerhalb ist? Welches Selbstbild kann ich dann noch von mir haben? Welches Weltbild wird daraus entstehen?

Bevor wir diese Spur weiter verfolgen, wollen wir uns der wesentlichen Grundlage zuwenden, die das ganze Spiel am Laufen hält. Diese Grundlage ist das Bewusstsein.

> Die Welt existiert nur in Deinem Kopf.

## Das Bewusstsein

Ohne dieses wäre die Wahrnehmung unserer Welt nicht möglich. Das bedeutet, dass innerhalb des Bewusstseinsraumes die Sinnesorgane eine Wahrnehmung der materiellen Welt ermöglichen, wie über Fühlen, Körperempfinden etc. die Wahrnehmung der uns scheinbar inne liegenden Welt. Das bedeutet auch, dass ohne diese Wahrnehumgskanäle im Raum des Bewusstseins keine Objekte auftauchen würden.

Jedes der in die materielle Welt gewandten Sinnesorgane ist jedoch nur in der Lage ein gewisses Frequenzspektrum an unser Gehirn weiter zu leiten, wo es dann als Farbe, Form, Klang od. ä. interpretiert wird. Wir unterscheiden zwischen dem, was wir sehen, hören usw. Wir kreieren eine Welt, in der ein Klang etwas anderes ist, als z.B. Farben, wobei es in der „dahinter liegenden" Wirklichkeit nur Energie mit unterschiedlicher Frequenz gibt. „Da draußen" gibt es kein Rot oder Gelb und ein Baum macht auch kein Geräusch, wenn er umstürzt. Erst wenn ein Beobachter da ist mit dem entsprechenden Sinneskanal, trifft eine bestimmte Frequenz auf das Hörorgan und das Gehirn übersetzt dann diese Frequenz in ein Geräusch.

Vielleicht nehmen wir uns einen Augenblick Zeit, die Dimension dieser Aussage in uns zur Wirkung kommen zu lassen. „Da draußen" ist gar nichts von der Welt, wie wir sie kreieren, keine Farbe, keine feste Form, kein Klang!

Wenn überhaupt ist da draußen eine sich durchdringende und überlagernde Schwingung, die erst zu dem wird, was wir unsere Realität nennen, wenn wir "hinschauen". Wir bedenken dabei zumeist nicht einmal, dass andere Wesen auch andere Frequenzbereiche wahrnehmen können und deren Realität damit völlig anders beschaffen ist.

Doch selbst wenn es uns gelingen würde, alle Wahrnehmungsmöglichkeiten aller Wesen dieses Planeten mit in die Kreation der Welt einzubeziehen, könnten wir immer noch nicht wissen, wie die Welt da draußen tatsächlich beschaffen ist.

Sich darauf zurückzuziehen „ich glaube nur, was ich sehen kann" scheint unter diesem Gesichtspunkt eindimensional. Davon abgesehen, dass wir auch keine Röntgenstrahlen sehen, keine Elektrizität, keine Radiowellen usw. und doch existieren sie, in diesem Fall können wir es durch ihre Wirkung beweisen.

Das bedeutet also, dass unsere Sinnesorgane nicht die Fenster zur Wirklichkeit sind, sondern letztlich sogar Ausgrenzungsorgane, die selektiv nur eine gewisse Bandbreite zu uns „herein" lassen, damit unser Gehirn diese Signale dann in entsprechender Weise als Farbe, Klang, Form od. ä. übersetzten kann.

Wie ist die Welt also wirklich beschaffen?

Jetzt wieder eine kleine Alltagsübung:

**Übung 23: Die Welt "da draußen"**

- Spiele einfach mit den Möglichkeiten, wie die Welt "da draußen" sonst noch aussehen könnte und vielleicht magst Du Dich auch von verschiedenen Tieren animieren lassen.

> Wir suchen oft die Wunder - dabei erleben
> wir sie permanent.

Ich bin mir dessen bewusst was ich wahrnehme (zumindest einem sehr geringen Teil davon), nicht nur dessen, was mir meine Sinnesorgane „sagen", sondern auch des Inneren, dessen was ich denke, fühle, was ich intuitiv spüre, was ich ahne. All dies kann ich beobachten.

Doch kann ich als Subjekt das Objekt sein, das ich wahrnehme, beobachte? Was die Objekte der äußeren Welt betrifft, scheint die Antwort sehr einfach zu sein. Ich bin natürlich nicht der Tisch, der vor mir steht, nicht der Stuhl, auf dem ich sitze. Offensichtlich schwieriger ist dies bei den inneren Objekten, wie Denken, Fühlen und den Körperempfindungen. Da wir mit diesen identifiziert sind, erscheinen sie uns nicht mehr objekthaft. Hier verwechselt sich der Beobachter mit dem, was als Inhalt in seiner Wahrnehmung auftaucht. Es findet eine fälschliche Identifikation mit den Objekten statt.

Das bedeutet, dass „wir selbst" diese Grenzen erschaffen. Und dieses „wir selbst" bedeutet in diesem Zusammenhang natürlich nicht unser" ich" im normalen Sprachgebrauch. Der umfassende Bewusstseinsraum ist mit dem Meer vergleichbar, und Ich-Bewusstsein ist wie eine Welle an der Oberfläche, die sich zwangsläufig durch die selektiven Sinneswahrnehmungen und die Konditionierungen seit frühester Kindheit als Vereinzeltes wahrnimmt. Es kann sich separat als Welle sehen und sieht die vielen anderen Wellen, aber es kann das Meer darunter nicht erkennen und damit auch nicht, dass alles was es außerhalb von sich erkennen kann, nur weitere Ausstülpungen dieses Einen sind. Wie Wellen aufsteigen und wieder untergehen, so entstehen in der Welt immer neue Formen, um letztlich wieder in der Einheit, dem Urgrund zu versinken.

Wollen wir uns unserer wahren Natur, der Wirklichkeit nähern, müssen wir die Fehlidentifikationen hinterfragen und auflösen, was nichts anderes bedeutet als dem Ich-Konzept auf die Schliche zu kommen.

Der Erforschung dieses magischen und am häufigsten gebrauchten Wortes „ich" wollen wir uns jetzt widmen.

> *Das Auge kann sich selbst nicht sehen*

## Der Verstand

Kann unser Verstand in der Lage sein über sich selbst hinaus zu schauen, sich selbst zu transzendieren? Ramana Maharshi empfiehlt mit der Frage „wer bin ich?", den Verstand zu nutzen wie einen Stecken, der das Feuer schürt. Ganz zum Schluss wird der Stecken mit dem restlichen Holz im Feuer verbrennen.

Unser Verstand versucht die Welt durch die Analyse, durch das Sezieren, das Zerkleinern zu erfassen, was sich auch in unserer Sprache widerspiegelt. Nicht umsonst stoßen Mystiker überall auf der Welt und in allen Kulturen auf die Schwierigkeit, das reine "Sein" verbal zu vermitteln. Versucht wird es dennoch in Bildern, Symbolen, Geschichten und Gleichnissen sowie dem ausgesprochenen Paradox, das manchmal unseren Verstand innehalten, zur Ruhe kommen lässt und dadurch die Wahrheit dahinter aufblitzen kann.

Das Still werden, das Ende des inneren Dialoges, oder anders formuliert, das nicht identifiziert sein mit den Gedanken ist eines der wichtigsten Ziele sämtlicher mystischen Traditionen. „Wenn der innere Dialog zum Schweigen kommt, endet die Welt!", können wir auch bei Carlos Castaneda lesen.

So wollen wir hier, um eine gemeinsame Verständnisgrundlage zu haben, Bewusstsein nicht im herkömmlichen Sinne verstehen, sondern den Begriff weiter fassen:

- Bewusstsein ist ein "Raum", in dem alle Formen in Erscheinung treten. "Äußere" in gleicher Weise wie scheinbar "Innere". Es gibt insofern keinen Unterschied, ob ich ein Geräusch höre oder Gedanken in meinem Kopf plappern. Die Frage ist, wie ich mit diesen Formen umgehe. Identifiziere *ich* mich damit, oder bleibe ICH ruhend im Bewusstseinsraum und beobachte lediglich das Auf- und Abtauchen all der Erscheinungen?

- Bewusstsein in Bewegung lässt das Universum erscheinen. (Vgl. hierzu die Urknalltheorie, die Schöpfungsgeschichte der Bibel „Im Anfang war das Wort (der Klang) oder den Schöpfungsklang OM aus dem Hinduistischen).

Solange es jedoch noch einen Beobachter und etwas Beobachtetes gibt, befinden wir uns immer noch in der Dualität. Eigentlich sind es sogar drei Komponenten die hier getrennt voneinander beschrieben werden können:

- Der Beobachter
- Das was beobachtet wird
- Der Vorgang des Beobachtens selbst.

> Bewusstsein in Bewegung lässt die Welt erscheinen - gehe zu dem Ort der Stille und verweile.

## Den inneren Dialog beenden

Lassen wir uns wirklich zutiefst darauf ein, alle *Vorstellungen* (diese *stehen* vor dem Eigentlichen) und Konzepte loszulassen, entsteht Todesangst. Vielleicht mag dies im ersten Augenblick und ohne eigene diesbezügliche Erfahrung unglaubwürdig erscheinen. Wir können das aber anhand eines Vorgangs nachvollziehen, den mit Sicherheit schon jeder in seinem Leben erfahren hat. Wenn wir in eine Krise kommen, passiert etwas sehr ähnliches. Das Leben hat uns in eine Situation gebracht, in der alle bisher für uns gängigen Handlungsmuster nicht mehr greifen und wir auf nichts bisher Dagewesenes aus unserem Leben zurück greifen können. Zudem überfordert uns selbige Situation gerade dadurch, dass sie weit über unsere bisherigen Grenzen geht. Eine Integration, was kleinere Grenzerfahrungen zu erweiternden Erlebnissen macht, ist hier nicht so einfach möglich. Unsere bisherige "Welt" wird aus den Angeln gehoben. Dies löst enorme Angst und Hilflosigkeit aus. Wie ergeht es uns erst dann, wenn wir alle Sicherheitsnetze lösen?

Erstaunlich ist, dass nicht unsere physische Existenz bedroht wird und wir trotzdem diese Angst oder zumindest unsere Abwehrreaktion dagegen vehement erleben. Wer oder was fühlt sich also bedroht? Unser Ego! Hier sind wir wieder bei all dem angelangt, wozu wir „ich und mein" sagen.

Doch aus welchem Stoff ist dieses Ego gewebt? Welche Konsistenz hat es? Und ist es überhaupt real?

**Übung 24: "ich und mein"**

- Wenn Du magst, nimm diese Fragen mit. Beleuchte sie, untersuche sie, versuche Deinem Ego auf die Spur zu kommen! Überprüfe, ob all das, wozu Du "ich und mein" sagst, eine eigene Realität besitzt oder nur ein Konstrukt ist. "*Meine* Partnerin, *mein* Beruf, *meine* Gedanken, *meine* Emotionen" usw.

In wie weit konntest Du die Natur des Egos erkennen? Wie tief konntest Du Dich auf die Erschütterung desselben einlassen? Was ist dadurch ins Wanken gekommen? Oder ist es Dir noch nicht gelungen, die Illusion zumindest teilweise aufzulösen? Hast Du bemerkt, wie Du Dich davon abgehalten hast?

Vielleicht ist es an dieser Stelle wichtig den Begriff Ego klar zu definieren, da er im alltäglichen Sprachgebrauch eine völlig andere Bedeutung hat. Hier wird Ego nicht verstanden als eine Person, die sich am besten und liebsten um sich selbst kümmert und auf andere keine Rücksicht nimmt, somit ein bescheidener und hilfsbereiter Mensch weniger oder gar kein Ego besitzen würde. Ego meint hier nichts anderes als ein Identifiziert sein mit seinen Gedanken, Gefühlen, Körperempfindungen und weiteren äußeren Besitzansprüchen (mein Partner muss/ darf nicht...), mit denen man sein Selbstbild vergrößert, somit an scheinbarer Bedeutung gewinnt. Dies trifft auf selbstsüchtige Menschen erst mal in gleicher Weise zu wie auf bescheidene. Die aufopfernden Helfer tun dies in aller Regel nicht aus wahrer Selbstlosigkeit (Ichlosigkeit wäre treffender), sondern um der Anerkennung, Zuwendung, der eigenen Befriedigung... wegen. Daran ist aus meiner Sicht auch nichts Verwerfliches. Nur die wahre Zweckfreiheit bezweifle ich.

Es ist nicht leicht, das Gespinst unseres Egos zu durchtrennen. Noch in den subtilsten Formen und den entferntesten Ecken hält es uns mit seinem Netz gefangen. Welchen Weg könnte es also geben, das Rätsel zu lösen? Den Gordischen Knoten zu durchtrennen? Kann es überhaupt einen Weg geben?

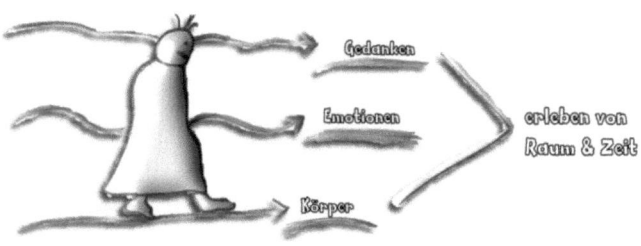

Wollen wir uns aufmachen das herauszufinden!

Sehr offensichtlich ist, dass wir uns im Besonderen für unsere Gedanken halten. Und ich glaube, dass dies fast die hartnäckigste Illusion von allen ist. Bevor Du jetzt verneinst, sei nochmals angeführt, dass zu diesen Gedanken sowohl "meine" Erinnerungen, Vorstellungen, Meinungen und "meine" ganze persönliche Geschichte gehört.

> Endet der innere Dialog, endet die Welt.

## Die Erforschung des Egos

### Übung 25: der Geburtsort der Gedanken

Wähle eine Zeit, in der Du länger nicht gestört wirst und auch keine Aufgabe Dich drängt.

Setzte oder lege Dich bequem hin und beginne mit der Übung.

- Achte auf auftauchende Gedanken und statt wie sonst, völlig in sie einzutauchen und Dich von ihnen immer weiter forttragen zu lassen, folge ihrer Spur zurück zu ihrem Anfang.
Woher kam der Gedanke? Wo ist er entstanden?

- Vielleicht verlangsamen sich Deine Gedanken so, dass es Dir möglich ist, schon das direkte Auftauchen eines Gedankens wahrzunehmen? Woher ist er gekommen?

Wiederhole diese Übung regelmäßig wenn Du möchtest. Die Entdeckungen, die Du machst, können auch variieren. Natürlich führe ich jetzt noch nicht aus, was es alles zu erkennen gibt - ich möchte, dass Du die Erforschung des Ursprungs der Gedanken so unbelastet wie möglich beginnst.

Nach einiger Übung kannst Du auch während des Alltags immer wieder zu dieser Beobachtung zurückkehren. Wenn Du Dich gerade über einen anderen ärgerst, wenn Du gerade vehement Deine Meinung einem anderen gegenüber vertrittst, aber natürlich auch, wenn Du nur in deinem Kopf ein „klärendes" Gespräch mit einer anderen Person führst.

Gleichermaßen interessant ist, was wir uns selbst sagen. Wie wir uns kritisieren und zurechtweisen mit bestechenden Argumenten. Prüfe auch diese Gedanken - woher kommen sie? Und dabei meine ich nicht vorrangig „ach, das hat mir meine Mutter schon früh eingeimpft..." sondern finde den Ort an dem sie entstehen, just gerade wenn sie in Deinem Kopf auftauchen.

Wie ist es Dir mit der Erforschung Deiner Gedanken gegangen? Welche Erfahrungen hast Du gemacht? Hast Du den Ursprung der Gedanken finden können? Vielleicht hast Du bei aufmerksamer Beobachtung gar nichts mehr gedacht und Dich gewundert über die plötzliche Stille in Deinem Kopf? Wie lange war es still? Bis Deine Aufmerksamkeit nachgelassen hat? Vielleicht bist Du aber auch in einer unbeschreiblichen Leere gelandet, hat diese Leere Dich geängstigt? Kam auf einmal fast der drängende Wunsch aus dieser stillen Leere wieder aufzutauchen, zurück in den gewohnten Lärm? Wenn dem so war: Das ist das Drängen des Egos! Es möchte wieder die Kontrolle haben und Dir suggerieren, dass es dort nichts zu holen gibt.

Ob es Dich dabei in Unruhe versetzt, Dich ängstigt oder der Gedanke auftaucht "wie langweilig ist das denn", (der Dich dann auch einfängt) spielt eigentlich keine Rolle, es ist die gleiche Absicht dahinter: Verlasse die eingefahrenen Gleise nicht und vor allem, gib mir das Kommando zurück!

**Übung 26: Fallen in den Zwischenraum**

- Setzte Dich hin und werde wieder zum Beobachter Deiner Gedanken. Identifiziere Dich nicht damit. Falls Du doch hineingezogen wirst, löse Dich von ihnen und kehre zur reinen Wahrnehmung zurück.

- Achte auf die Lücken zwischen den Gedanken. Wenn Du eine entdeckt hast, lass Dich in diese Lücke „hineinfallen". Wiederhole dies immer wieder, wenn Du von Gedanken eingefangen wirst.

Wenn wir jetzt weitere Teile unserer Identifikation beleuchten - übe weiter, es lohnt sich!

Da wir stets unsere Wahrnehmungen bewerten (falls wir nicht eh in Gedanken versunken sind), möchte ich noch eine weitere Übung empfehlen.

**Übung 27: reines Sehen**

Nehme Dir wieder etwas Zeit und komme sitzend zur Ruhe.

- Schließe Deine Augen und beobachte einige Zeit Deine Gedanken und löse Dich wie zuvor immer wieder aus Deiner Identifikation damit.

- Öffne dann Deine Augen und berühre das, was Du siehst mit Deinem Blick, ohne dass Gedanken, Bewertungen oder Geschichten dazu auftauchen. Falls dies geschieht schließe Deine Augen wieder für einige Zeit und versuche es dann noch einmal. Beginne mit einfachen Gegenständen, bevor Du zu Tieren und Menschen weitergehst. Gerade wenn wir mit einem Wesen eine Geschichte haben, fällt uns das reine Sehen sehr viel schwerer.

- Verbleibe im Sein, solange es Dir möglich ist.

So kannst Du mit allen anderen Sinneskanälen vorgehen: reines Sehen, reines Hören... ohne Benennung, Bewertung und Geschichte. Mit dieser stets frischen und neuen Wahrnehmung werden wir entdecken, wie erstaunlich und wunderbar die Welt um uns herum ist. Die Idee, wir würden alles schon kennen und die Ermüdung des scheinbar immer Gleichen löst sich gleich einer Fata Morgana auf.

Ein weiterer wichtiger Punkt sind unsere Gefühle. Natürlich hängen unsere Gefühle sehr stark von der Art unserer Gedanken ab. Denke ich an etwas unangenehmes, eine Situation, in der ich vielleicht Scham empfunden habe, wird das Gefühl der Scham mit der Erinnerung wieder in mir auftauchen. Denke ich an etwas Schönes, z. B. innige Stunden mit meinem Partner, wird mein Gefühlsleben auch darauf reagieren und ein Lächeln wird über mein Gesicht huschen und in meiner Brust wird es warm und weich, ich fühle mich glücklich. Erinnere Dich an die Übung zu Anfang, bei der wir dies erforscht haben.

Sehr leicht entsteht eine Spirale, in der Gedanken Gefühle auf den Plan rufen und die Gefühle wiederum die Gedanken weiter antreiben. Doch manchmal fühlen wir uns niedergeschlagen, deprimiert oder weinerlich, ohne dass uns die dazu gehörigen Gedanken bewusst wären.

Genauso wie es uns mit unseren Gedanken gehen kann, dass sie fast eine magische Macht über uns haben, uns in ihrem Bann gefangen halten und wir uns mit ihnen identifizieren, ist es auch mit unseren Gefühlen. Auch hier können wir diese Identifikation oft schon an der Formulierung erkennen. „Ich *bin* niedergeschlagen..." und dem entsprechenden Widerstand gegen „unser" Gefühl.

So erleben wir die Gefühle auch als die „unseren", und manchmal noch mehr als die Beherrscher von uns. Als bestünden wir nur noch aus diesem Gefühl und alles andere wäre durch sie getilgt (außer die dazugehörige Geschichte). Interessant ist, dass schon C.G. Jung die Emotionen der kollektiven Ebene zugeschrieben hat. Wut, Angst etc. sind also nichts Persönliches. Sie tauchen in jedem von uns immer wieder auf. Für manche Menschen auch besonders wichtig zu erwähnen ist, dass sie auch wieder vergehen, wenn wir sie nicht festhalten oder dagegen ankämpfen. Unsere Art, Emotionen persönlich zu nehmen und auch persönlich in Besitz zu nehmen ist wiederum ein Teil des Konstrukts "Ego".

Deshalb möchte ich jetzt auch eine Übung zur Erforschung unserer Gefühle vorschlagen, mit dem Ziel herauszufinden, „bin ich meine Gefühle„:

**Übung 28: freigelassene Emotionen**

Wähle eine Zeit, in der Du länger nicht gestört wirst und auch keine Aufgabe Dich drängt. Setzte oder lege Dich bequem hin und beginne mit der Übung.

- Achte auf Gefühle und statt wie sonst, Dich völlig in ihnen zu verlieren beobachte sie. Wo ist dieses Gefühl hergekommen? Wo in Dir sitzt es? Ist es wirklich „Dein" Gefühl? Oder ist es einfach ein Gefühl, dass sich durch Dein System bewegt? Darf es sich bewegen oder gibt es noch ein zweites Gefühl, dass dem ersten trotzen möchte? Beobachte auch dieses mit der gleichen Intension - bist Du dieses Gefühl? Woher ist es gekommen? (Damit ist natürlich nicht die Situation oder der Gedanke gemeint). Achte darauf, dass Du Dir nicht die auslösende oder dazugehörige Geschichte immer wieder erzählst. Kein Denken, nur fühlen!

- Wenn Du bemerkst, dass das Gefühl sich Deiner bemächtigt, heißt, dass Du Dich damit zu identifizieren beginnst, atme ruhig und tief und werde mit jedem Atemzug weiter. Weite Dich so lange, bis das Gefühl oder die

Gefühle genügend Raum in Dir finden und nicht mehr Du im Gefühl verschwindest. Bleibe die ganze Zeit so aufmerksam, wie es Dir möglich ist.

Wenn Du möchtest wiederhole diese Übung regelmäßig. Und frage Dich auch im Alltag immer öfter „bin ich dieses Gefühl?" und natürlich auch „bin ich der Gedanke?"

Wer bin ich? Bin ich mein Körper? Wenn ich in meinen Körper spüre, bin ich die Wahrnehmende, ich spüre ihn von innen heraus. Oftmals jedoch wissen wir nur, dass unser Körper da ist, aller meistens vergessen wir unsere körperliche Anwesenheit vollständig. Wir verlieren uns in Gedanken über Vergangenes und Zukünftiges, mit bewegt von den davon ausgelösten Emotionen. Wenn wir unsere Augen schließen, können wir unseren Körper nicht mehr sehen, aber spüren können wir ihn trotzdem, diese lebendige Kraft unserer Anwesenheit empfindend wahrnehmen.

Dazu schlage ich Dir ein weiteres Experiment vor, so wie es Eckhart Tolle öfters anführt:

**Übung 29: Körperwahrnehmung**

Schließe Deine Augen an einem Ort, wo du nicht gestört wirst und eine gewisse Zeit in Ruhe sein kannst.

- Spüre Deine Hand und höre auf zu wissen, dass Deine Hand da ist, sondern nehme einfach die Energie in ihr wahr.

- Wenn Dir das einige Minuten gelingt, weite diese spürende Wahrnehmung aus auf die andere Hand - beider Hände ganz bewusst.

- Dann weite Deine Wahrnehmung über den ganzen Arm und dann über beide Arme aus. Wenn es Dir schwer fällt, aufmerksam bei Deinen Armen zu bleiben, achte wieder auf einen kleineren Körperteil. Kehre wieder zur Hand oder den Händen zurück.

- Gelingt es Dir bei Deinen Armen zu bleiben, dehne Deine Wahrnehmung nach und nach über Dein ganzes Körperfeld aus. Sei ganz da - körperlich, wesenhaft und ohne die Notwendigkeit, Deine Körperwahrnehmung wieder zu unterbrechen. Öffne die Augen. Schaue Dich um, erkunde die Umgebung.

Falls Du dabei Deinen Körper zu vergessen beginnst, schließe Deine Augen erneut und verbinde Dich wieder mit der Energie in Deinem Körper.

Du kannst diese Übung so oft wiederholen, wie Du möchtest. In gleicher Weise ist es möglich, während einer kurzen Arbeitspause mit geschlossenen Augen wieder ganz zu Dir zurückkehren. Besonders wirkungsvoll ist es, wenn Du mal eine oder mehrere Stunden mit Deiner Wahrnehmung im energetischen Feld des Körpers verweilst. Bereite Dich dabei darauf vor, dass sich die Dimension des Wahrnehmungskörpers völlig verändert.

Als nächsten Schritt versuche bei Deinem Wahrnehmungskörper zu bleiben, während Du mit anderen in Kontakt bist. Du wirst feststellen können, wie schwer das zu Anfang fällt. Lass Dich davon nicht entmutigen. Mit der Zeit werden Dich äußere Umstände immer weniger oder weniger anhaltend absorbieren und Du wirst stattdessen in Dir verweilen.

Bin ich mein Körper? Was geschieht, wenn unserem Körper ein Teil entnommen wird z. B. durch eine Blindarmentzündung. Bin ich dann weniger ich? Oder, wenn ich etwas hinzubekomme, was eher selten der Fall ist, aber z.B. bei einer Transplantation - bin ich dann mehr ich? Oder ein anderes ich? Oder weniger ich durch den vorherigen Verlust und dann vermischt mit einem anderen ich? Oder bleibe ICH unberührt davon?

> Was ich wahrnehmen kann,
> bin ich nicht -
> nicht dies, nicht das.

## Wer bin ich?

**Übung 30: enttarnen von Konzepten**

- Erforsche im Alltag immer wieder auf welchen grundlegenden Konzepten, Ideen und Prägungen Deine Gedanken und daraus resultierende Gefühle basieren.

- Du kannst hierfür, wenn es Dir das einfacher macht, stets bestimmte Lebensbereiche vornehmen: Beziehung, Beruf etc.

In meiner Jugend hatte ich ein für mich damals komisches Erlebnis. Ich hatte den Eindruck mit 16 oder 17 Jahren schon sehr viel älter geworden zu sein, als in meiner Kindheit, was ja völlig logisch und zutreffend ist. Gleichzeitig war tiefer darunter die Gewissheit unverändert immer noch die Selbe zu sein. Als wäre jede Entwicklung, jedes Lernen, jeder Wachstumsschritt, den meine Person in den Jahren gemacht hat unerheblich für mein eigentliches ICH, als das ich mich in diesem Augenblick erkannt habe. Beides entsprach der Wahrheit. Meine Lebensvorstellungen, meine Freunde - alles hatte sich verändert. Aber das Selbst ist davon unberührt geblieben, da es außerhalb der Zeit IST.

Wer bin ich? Dieses ich, mit dem ich im Alltag identifiziert bin? Meine Gedanken, meine Gefühle, mein Körper? Es scheint, als wäre ich all das nicht. Bei genauer Erforschung offenbart es sich als ein Konstrukt, das sich nicht auffinden lässt, das sich durch die Erziehung und Sozialisation über mein wahres Wesen gelegt hat. Und wie alle Kinder haben wir diesen Mantel angezogen und uns zunehmend damit identifiziert.

Wir kamen nicht als dieses ich auf die Welt. Wir kamen nicht mit einem Namen auf die Welt. Du und ich, wir waren einfach. Und die Identifikation, die Anhaftung - und damit auch die Ausgrenzung - hat im Laufe unseres Älterwerdens immer mehr Festigkeit bekommen. Durch diese Anhaftung entstand in uns auch mehr und mehr der Eindruck, dass wir „toll" sind bezüglich unserer Fähigkeiten oder schuldig wegen deren Fehlen. Als wäre es der Verdienst oder das Versagen des kleinen ich`s, dass wir z.B. eine bestimmte Begabung oder einen bestimmten Wesenszug haben oder nicht. Die Illusion, wir hätten eine Kontrolle über all das, wozu wir "ich" sagen ist entstanden und „ein Geist" hat von uns besitzt ergriffen.

Wir haben aus all dem Erlebten nicht nur unser kleines ich gefestigt, sondern dazu noch eine Vorstellung davon entwickelt, wer wir sein sollten. Es ist schon sehr absurd. Ein künstliches Konstrukt ist infiziert von einer Vorstellung, wie dieses Konstrukt sein sollte! Als hätten wir tatsächlich eine Wahl zu entscheiden, ob wir traurig oder wütend auf eine Begebenheit reagieren wollen, welcher Gedanke uns im nächsten Augenblick in den Sinn kommt oder welche unwillkürliche Bewegung nachher unseren Körper erfasst. Wir haben keine Wahl, und somit auch keinen freien Willen.

**Übung 31: Die Illusion des freien Willens**

- Nehme Dir nur 10 Minuten Zeit. Plane für diesen Zeitraum, was Du denken und fühlen willst, wie auch welche Bewegungen Dein Körper machen soll.

- Im Anschluss prüfe, in wie weit Dir das gelungen ist.

Hieraus könnte der Eindruck entstehen, dass es doch dann besser sei, in den Seins-Zustand des Säuglings zurück zu kehren. (Bezogen auf den Zustand des Alleinheitserlebens). Viele spirituell Suchende bringen genau dies zum Ausdruck, wenn sie frühere Kulturen verherrlichen, ohne auch die dazugehörige Schattenseite und die dabei vorherrschende kollektive Bewusstseinsqualität mit zu berücksichtigen. Wir können über die Jahrtausende von menschlichem Leben beobachten, dass sich auch das Bewusstsein dem Prinzip der Evolution unterwirft. Damit ist der Individuationsprozess ein weiterer Zwischenschritt auf der großen Reise.

So ist es wichtig keiner Prä - Trans - Verwechslung zu erliegen. Ken Wilber hat über die verschiedenen

Entwicklungsstufen des Bewusstseins detailliert geschrieben. Wenn wir im Aufträumen perinataler Erlebnisräume jedoch die Grenzen personaler und transpersonaler Erfahrungen berühren, ist gerade das als ozeanisch bezeichnete Bewusstsein eine große Versuchung, genau das zu tun und dahin zurück zu streben. Regression statt Progression.

Wer bin ich? Meine Gedanken, meine Emotionen, mein Körper?

Wenn ich das alles nicht bin, wer ist dann dieses ICH?

Alles, was ich beobachten kann, bin ICH nicht. Bin ICH also der Beobachter, der Zeuge?

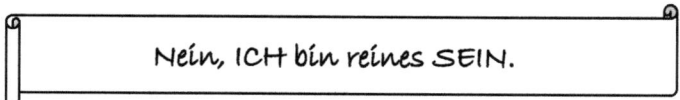
Nein, ICH bin reines SEIN.

## Meditation

Für diese Erforschung wird oft der Weg der Meditation empfohlen und beschritten. Meditation kann uns helfen, unsere tobenden Affen - heißt unsere unruhigen Gedanken - zur Ruhe zu bringen, um hinter die Identifikation mit den Dingen - einschließlich unserer Gedanken und Gefühle - zu dringen.

**Übung 32: Wahrnehmung**

- Setze dich mit aufrechter Wirbelsäule und einem leicht gesenkten Kinn auf ein Kissen oder einen Stuhl. Falls Du auf einem Kissen sitzt, achte darauf, dass Dein Becken nicht nach hinten abknickt. Ist dies der Fall, kannst Du das durch eine Erhöhung der Sitzposition korrigieren. Lege Deine Hände locker mit der geöffneten Handfläche auf Deinen Oberschenkeln ab. Schließe Deine Augen.

- Beobachte alle auftauchenden Gedanken, Emotionen oder Körperempfindungen, und verbleibe bei dieser reinen Beobachtung, ohne dich mit den Inhalten der Gedanken zu identifizieren bzw. eine Geschichte zu den Emotionen oder Köperempfindungen zu kreieren.

- Falls dies geschieht, löse Dich wieder von der

Form und kehre zur reinen Wahrnehmung zurück.

Zu Anfang erscheint es häufig so, als würde durch die Meditation unser Geist noch chaotischer als im Alltag. Dies ist eine Täuschung, da wir so gewöhnt sind an den Lärm in unserem Kopf und außerhalb davon, dass wir zum Großteil gar nicht bemerken, wie viele Gedanken und Gedankenschleifen wir stündlich durchwandern.

Dann können wir mit Härte und Disziplin unsere Konzentration erzwingen. Doch dies ist eine Forderung unseres ich's, es „richtig" machen zu wollen. Soll uns die Meditation helfen zu erkennen, wer wir sind, ist es kein Problem wahrzunehmen, dass in unserem Kopf ein Zirkus am Agieren ist. Wir können dies einfach bezeugen. Vereinnahmt uns dieser Aufruhr - auch kein Problem - sobald wir dies bemerken lösen wir uns, und kehren sanft zurück zu unserer reinen Wahrnehmung dessen was ist. So sind wir achtsam, gegenwärtig und bei dem, was ist. Weit mehr, als wir dies die allermeiste Zeit von uns sagen können.

Hier begegnen wir auch schon einer weiteren Gefahr, einem Fallstrick. Zunehmend können wir in Selbsthilfe Büchern lesen „sei hier und jetzt„ und „es ist, wie es ist!". Das stimmt natürlich. Doch sehr oft wird der Ausspruch „es ist, wie es ist" vom kleinen ich missbraucht. So verwendet entspricht es einer Rationalisierung, es ist eine Möglichkeit, sich von den damit einhergehenden Emotionen abzuschneiden. Damit sind wir natürlich nicht mehr im Hier und Jetzt. Dann ist es ein geschickter Kunstgriff des kleinen ich's geworden. Zudem könnte man meinen, wenn ich meinen Gedanken nachhänge, wäre es eben das, was gerade hier und jetzt ist. Doch unsere Gedanken sind niemals gegenwärtig. Selbst wenn ich mich dabei mit einer augenblicklich stattfindenden Situation beschäftige, hinken die Gedanken immer eine kurze Zeit der tatsächlichen Erfahrung hinterher.

Natürlich müssen wir immer wieder denken. Praktische Gedanken, wie z.B. "zu welcher Zeit fährt mein Zug, wie lange brauche ich zum Bahnhof" sind sehr nützlich und auch nicht problematisch. Die allermeisten Gedanken drehen sich jedoch nicht um praktische Belange, sondern wälzen vergangenes, zukünftiges oder rein illusorisches unaufhörlich durch die Mangel.

Sind wir uns dieses Fallstrickes bewusst, können wir, sobald wir diese Abwehr wahrnehmen, genau diesen Vorgang in unsere Beobachtung mit einbeziehen. „Ah, hier ist Widerstand, so und so zeigt er sich im Körper, hier macht er eine Enge…". Dann also wieder - kein Problem.

**Übung 33: Wer bin ich?**

- Setze dich mit aufrechter Wirbelsäule und einem leicht gesenkten Kinn auf ein Kissen oder einen Stuhl. Falls Du auf einem Kissen sitzt, achte darauf, dass Dein Becken nicht nach hinten abknickt. Ist dies der Fall, kannst Du das durch eine Erhöhung der Sitzposition korrigieren. Lege Deine Hände locker mit der geöffneten Handfläche auf Deinen Oberschenkeln ab. Schließe Deine Augen.

- Beobachte alle auftauchenden Gedanken, Emotionen oder Körperempfindungen, und verbleibe bei dieser reinen Beobachtung, ohne dich mit den Inhalten der Gedanken zu identifizieren bzw. eine Geschichte zu den Emotionen oder Köperempfindungen zu kreieren.

- Falls dies geschieht löse Dich wieder von der Form und kehre zur reinen Wahrnehmung zurück.

- Beginne nach einiger Zeit Dir die Frage zu stellen „wer ist der Wahrnehmende?" Vermutlich wirst Du antworten „ich". Stelle Dir nun die Frage „wer bin ich?" Lausche dabei einfach in Dich hinein, während Du aufkommende Antworten des Verstandes einfach beobachtest ohne danach zu greifen.

Diese beiden Fragen kannst Du Dir auch immer wieder im Alltag stellen. Ramana Maharshi empfiehlt sogar diese Frage ohne Unterlass vierundzwanzig Stunden am Tag zu stellen. Dabei ist allerdings darauf zu achten, dass wir sie nicht wie ein Mantra einfach herunter rasseln, sondern stets aufs Neue in uns hinein lauschen. Jede Antwort, die aus dem Verstand kommt, bezeichnet eine Form bzw. ein Objekt und ist somit wandelbar. Daher kann es nicht unser wahres Wesen beschreiben.

Im Zeugenbewusstsein gibt es keine Wertung, kein Gut und Böse, kein Richtig und Falsch mehr. Wenn ein Urteil auftaucht, kommt es immer aus unseren erlernten Mustern, unserer gewohnten Art zu denken. Das bedeutet, wenn meine Gedanken ein Gefühl z. B. als schlecht bewerten, kann ich auch diesen Vorgang in meine reine Beobachtung mit einbeziehen. „Ah, hier eine Wertung, diese Wertung lässt ein Gefühl der Schuld entstehen, dabei zieht der Bauch sich zusammen und wird hart...". Was nicht bedeutet, dass daraus ein permanenter innerer Dialog entstehen sollte, mit dem man dann identifiziert ist. Das alles kann in der reinen Wahrnehmung auftauchen und darf auch wieder gehen.

So fremdartig uns dies im ersten Augenblick vielleicht erscheinen mag - allem was auftaucht einfach zuzustimmen (samt der Ablehnung dessen), ist es doch ein Weg in die schrittweise Bewusstseinserweiterung. Während wir mehr und mehr ruhender Bewusstseinsraum sind, ist das Phänomen Mensch nun freigelassen, ein Instrument, das in seiner ganzen Vielschichtigkeit nun klingend und tönend offen hineingehalten ist, in den weiten Raum. Klingend und tönend ganz so, wie er gemeint ist. Denn die Vorstellung, dass irgendetwas falsch wäre an dem, wie es sich gerade zeigt, ist eben nur wieder ein Gedanke. Zudem zeigt dieser Gedanke auch eine leichte Tendenz zum Größenwahn. Wer glauben wir im kleinen ich zu sein, dass wir die Bewegungen des Seins in seiner manifestierten Form abwerten und verurteilen?

Wei Wu Wei schreibt in seinem Buch „das offenbare Geheimnis":

> „Obwohl Noumenon (Sein) alles ist, was sie (wir) sind – und trotz der Tatsache, dass sie (wir) folglich darin nichts zu erreichen, zu erfassen oder zu besitzen haben -, müssen sie (wir) sich „ent-phänomenalisieren", sich „ent-objektivieren" und ihre (unsere) Subjektivität von ihrer projizierten Selbstheit, die von der Vorstellung eines Ich beherrscht wird „ent-identifizieren"... Es ist eine Metanoesis, bei der man entdeckt, dass erfundene Bindungen oder Identifizierungen weder existiert haben noch jemals existieren – eben weil es sich um Erfindungen handelt."

Lüchow Verlag 2. Auflage 2002 S. 31 aus einfach gesagt II

Wird Meditation getrennt vom alltäglichen Leben praktiziert, mag dies einige erste positive Wirkungen haben und erhöht vielleicht auch unser Vermögen, uns auf etwas zu konzentrieren. Doch weder meint Meditation Konzentration, was ja die Ausrichtung des Geistes auf etwas hin fokussiert und damit einengt, noch geht es vorrangig darum, die durch Entspannung entstehenden positiven Wirkungen zu erzielen. Konzentration kann uns helfen, die Dauer der Achtsamkeit zu erhöhen und Entspannung hat für die meisten in diesem hektischen Leben einen wunderbar ausgleichenden Effekt. Sie kann uns dabei unterstützen uns noch weiter zu öffnen und zu lösen. Doch für sich genommen hat beides mit Meditation noch nichts zu tun. Vielleicht wäre es treffender, dies als günstige Voraussetzung für Meditation zu betrachten. Aber selbst das wäre schon wieder irreführend für unseren Verstand, da er sogleich ein weiteres Konzept daraus stricken würde.

Erst wenn wir beginnen uns auch im Alltag zunehmend von den Objekten zu lösen und unsere Wahrnehmung umzukehren bzw. nach innen zu lenken und so auf den Bewusstseinsraum ausgerichtet sind, wird die Spaltung von Meditation und Alltag zu Ende gehen.

Es ist im wahrsten Sinne ein Richtungswechsel unserer Wahrnehmung, in dem wir nicht länger aus der 4. Dimension (Zeit) in die 3 Dimensionen der Heimat der Phänomene blicken (Höhe, Breite und Tiefe), sondern uns der nächst Höheren Dimension zuwenden und somit die Zeit als Ausgangspunkt unserer Perspektive verlassen. In verschiedenen Schriften wird dieser Wechsel geometrisch erwähnt, als eine 90° Wende. Wie könnte diese also aussehen?

Daraus folgt, dass „wir" nicht mehr durch die Zeit gehen im Sinne eines horizontalen Weltbildes, sondern sich die Welt und die scheinbare Zeit durch uns hindurch bewegt (vertikales Sein). Ereignet sich diese Verschiebung, (vom scheinbaren Zentrum des kleinen ich's zu dem Zentrum der nächsten Dimension) wäre dies das, was als Befreiung, Erwachen oder Erleuchtung beschrieben wird. (Stelle Dir als

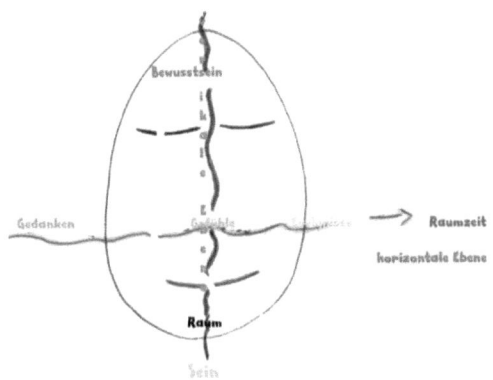

Beispiel nur die Veränderung der Wahrnehmung von 2 Dimensionen auf 3 vor). So wie wir ganz selbstverständlich Raum in seiner Höhe, Breite und Tiefe erfassen, würde die Befreiung uns augenblicklich eine völlig veränderte und erweiterte Wahrnehmung ermöglichen.

Was die Wissenschaft bis jetzt in theoretischen Modellen annimmt, dass nämlich weitere Dimensionen eingefaltet in die Raum-Zeit sind (man spiele nur mal mit dem Gedanken, dass u.a. bis zu 11 Dimensionen vermutet werden), wird durch die absolute Ablösung von allen Phänomenen und die Hinwendung zum Bewusstseinsraum erfahrbar. Auch wenn die String-Theoretiker diese weiteren Dimensionen nicht im makroskopischen Universum vermuten, da ansonsten die Planetenbahnen instabil werden würden, besteht doch vielleicht die Möglichkeit, dies über das Bewusstseinsfeld zu erfassen.

Wei Wu Wei, Das offenbare Geheimnis S. 33:

„So beobachten wir die Welt der Phänomene, die uns in den drei Dimensionen ... erscheint, von einer vierten Richtung aus, die wir wohl als Dauer erkennen, deren geometrischen Charakter wir aber vielleicht nur wahrnehmen können, wenn wir die Fähigkeit entwickeln, aus einer weiteren Richtung im rechten Winkel zu den uns bereits vertrauten Richtungen zu beobachten... Wenn Phänomenalität mit dreidimensionaler Wahrnehmung gleichgesetzt werden kann, könnten wir dann nicht annehmen, dass Wahrnehmung von einer weiteren Dimension aus das wesentliche Kennzeichen von Noumenalität ist? ...das, was wir als Befreiung bezeichnen, ist Freiheit von der Begrenzung der dreidimensionalen Sicht, in welcher wir eingeschlossen waren."

Allerdings darf hierbei nicht vergessen werden, dass „ich" das nicht tun kann. Für mich als Phänomen gibt es keinen Handlungsspielraum, mit dem ich hierbei etwas erreichen könnte.

So, wie es auch in „unserer" Welt Menschen mit einem tieferen Verständnis für die Bedingungen und Gegebenheiten der 4 Dimensionen gibt, könnte dies auch auf die Veränderungen durch die hinzukommende Ebene zutreffen. Daraus würden sich auch die diversen Unterschiede in Beschreibungen von Erwachten erklären.

ICH BIN Weite, Stille und Liebe. Und das, was da hineingehalten ist, tönend und klingend in den Raum, sind Spielarten, Variationen und Möglichkeiten des EINEN.

> Verbleibe im ICH BIN, mehr gibt es nicht zu tun.

## Die Suche

„Sei in der Welt, aber nicht von ihr" die Bibel

Wir alle sind auf der Suche nach dem Göttlichen, nach dem wer oder was wir wirklich sind. Unterschiedslos, jeder Einzelne, gleichgültig mit welchen Rollen wir uns in diesem Leben identifizieren. Die Mutter, der Banker, der Mönch...

So unterschiedlich diese Wege auch sein mögen und so bewusst oder unbewusst diese Suche nach dem Einen auch aussehen mag, immer suchen wir das Göttliche. Hinter jedem Streben, mag es noch so materiell orientiert sein, steht der vielleicht unbewusste, tiefliegende Wunsch nach Heimkehr. Nach einer „Wieder - Anbindung" an das Göttliche.

Wir sind auf der Suche nach dem, was uns wirklich nährt (besser wer wir wirklich sind). Nicht an der Oberfläche, nicht kurzfristig, sondern tief, anhaltend, während. In unserer Zeit, in der die Kirchen immer leerer werden, gibt es dafür zahlreiche andere Angebote esoterischer Natur. Vieles davon hat wenig oder überhaupt nichts mit echter Spiritualität zu tun, da sie sich innerhalb bestimmter Konzepte bewegen und somit beim Spiel der Dualität verbleiben. Sie erschaffen ein Bild von Gut und Böse, von dem Richtigen und somit auch von dem Falschen. Selbst, wenn wir uns einem spirituellen Konzept verschrieben haben, selbst dann befinden wir uns immer noch an der Oberfläche, einer Ausstülpung im Meer, in einem Konzept eben. Als könnten wir durch dieses erfassen, was dem Mensch gewordenen, Körper gewordenen Bewusstsein zutiefst innewohnt. Doch selbst jeder scheinbare Irrweg ist letztlich Ausdruck der Suche und noch mehr Ausdruck des Seins.

Wir könnten denken: Aber es ist doch besser, dass ich die Welt in den spirituellen Konzepten zu verstehen suche, als im Streben nach Macht oder Besitz!" Aber letztlich sind auch diese Konzepte, diese Gedanken, diese Gefühle nur Formen - Gedankenformen ... und damit immer noch gebunden an ein stetes Werden und Vergehen. Doch wie sollten wir in dem Vergänglichen das finden, was zeitlos, immerwährend durch uns wirkt und scheint?

Jede Form ist nur wie ein Schatten, an die Wand geworfen durch das Strahlen des Eigentlichen. So gibt es nichts, was nicht hervorgerufen ist durch dieses Eine, durch dieses Strahlen. Und doch ist es das nicht. Es sind eben nur wechselnde Schatten dieses rational Unbegreiflichen, Unfassbaren, Hintergründigen.

Auf der Suche nach der Antwort, wer wir eigentlich sind, glauben wir lange Zeit uns selbst, greifbar, verstehbar zu machen durch das, was wir denken, was wir fühlen oder auch, wie es unserem Körper geht. Bis hinein in die subtilsten Formen sind wir dabei immer noch einen weiten Schritt am Wesentlichen vorbei. Im Grunde kann man sagen: Solange wir suchen, ist genau der Vorgang des Suchens das, was uns vom Eigentlichen, vom Tiefsten trennt. Denn das Suchen führt uns weg von uns SELBST. Das Suchen führt uns weg von all dem, was jetzt ist, was aus der Tiefe allgegenwärtig hervor scheint. Es verstellt den Blick darauf, dass nicht das Kleinste und auch nicht das Größte etwas anderes ist als DAS. Leela - das göttliche Spiel!

Bei jedem von uns und aus allem, was Form geworden ist, scheint dieser Funke des Schöpfers, des Einen, des Zeitlosen. Aber die Kraft des Suchens lässt uns wo anders hinblicken. In verschiedene Richtungen, weit voraus oder weit zurück. Und verstärkt den Anschein, als gäbe es etwas zu finden, in einem anderen Land, in einer anderen Zeit oder einem anderen Konzept. Aber „irgendwo" werden wir nichts davon finden. Mit dem Anliegen, irgendwo da draußen wird die Antwort wohl sein, werden wir immer auf der Reise bleiben und werden nie ankommen. Denn "da draußen" ist nichts.

Doch scheinbar gehört diese Reise, dieses sich entfernen mit dazu. Und so könnte man den Begriff Sünde auch als „sich abwenden von dem Göttlichen, hinausschauen, hinausgehen in die Trennung, in die Dualität" übersetzen. Um, wenn unsere Reise weit genug führte (was auch immer dies bedeutet), irgendwann zu erkennen, aus einer Gnade heraus, dass es nirgendwo zu finden ist und dass wir nirgendwo hingehen müssen, dass es reicht einfach da zu SEIN. Und dass dies in vollständiger Weise göttlich ist.

Einfach da sein und in dieser All - Gegenwart kann diese Öffnung, die Berührung des Göttlichen alles verwandeln. Es ist nichts vom Alltag getrenntes. Es ist nichts, wozu ich in Nepal auf dem Berg sitzen muss oder in Afrika in der Wüste... es ist immer da, wenn ich gehen, wenn ich esse, wenn ich arbeite, wenn ich mit anderen Menschen bin, es ist da und nirgendwo sonst.

Vielleicht können wir nie wirklich erklären, wer wir sind, was dieses Bewusstsein ist. Und letztlich auch, was hinter diesem Bewusstsein steht, da das Bewusstsein auch nur ein Ausdruck des Göttlichen ist.

So kann es nicht stehen bleiben bei „ICH bin Bewusstsein", es geht weiter, tiefer. Aber auch, falls wir dafür nie Worte finden die DAS beschreiben, da es Außerhalb der Dualität liegt und es den Worten zu eigen ist Trennung zu erschaffen, erfahrbar ist es dennoch. Gelöst von aller Anhaftung und Ablehnung, durch die Gnade berührt, kann Erwachen sich ereignen. Auch, wenn wir dann vielleicht wieder hineingezogen werden in die Identifikation, wie eine Welle, die sich für kurze Zeit im Meer auflöst, um sich dann erneut zu formen. Es kann sich ereignen für Dich, für mich und genau genommen für niemand. Weil dort kein ich, kein Erfahrender mehr ist. Erfahrung, das Erfahrene und der Erfahrende sind zu einem Verschmolzen, haben sich im NICHTS aufgelöst.

> Bewusstsein ist der geometrische Punkt, von dem aus die Welt erscheint.

## Das Ende

Wenn Dir Deine Erfahrung bestätigt hat, dass Du weder Gedanke, noch Gefühl, noch Körper bist...

Wenn Du erkannt hast, dass all dies aus dem Nichts erscheint und auch dorthin zurückkehrt...

kann es dann einen freien Willen geben?

Und wenn es keinen freien Willen gibt, weil eigentlich keiner da ist, gibt es auch die Möglichkeit die Suche zu beschleunigen oder abzubrechen nicht. So, wie es das Göttliche will, spielt es auf verschiedenste Weise durch alle aus ihm geborenen Formen.

Es liegt in keiner Hand...

Den besten Rat, den ich Dir zum Abschluss geben kann, nachdem nun alle Räder abmontiert sind und alle Sicherheitsnetze durchtrennt...

wenn Du all dies gelesen, all die Übungen gemacht und Dich tief auf alle Erfahrungen eingelassen hast (als hättest Du eine Wahl gehabt) ist...

> ... lass auch all diese Worte jetzt wieder los, denn auch das sind nur Bilder, Vorstellungen und Konzepte.

## Die Traumweberin

Von einem Traum habe ich geträumt
und ich wollte mich hin weben zu diesem Traum
in der Abenddämmerung, wenn man nicht weiß, ob
es Tag ist oder Nacht.

Wollte dort ein Netz weben für diesen Traum wie
eine Spinne und alles, was vom Himmel herunterfällt, in meinen Traum einweben –
dann weiter weben ein Bild.

Die Sternschnuppen und die Schmetterlinge,
die Tautropfen und die Hoffnungen der Götter -
auch die Töne - und langsam
einen Klangkörper bilden, indem das Lied aller Dinge
sich selbst besingen kann.

Von einem Traum habe ich geträumt,
und ich wollte ihn willkommen heißen
diesen Traum, in einer Landschaft, ersponnen aus
diamantglitzerndem Stoff.
Wollte dort meine Heimstadt errichten
bei diesem Traum, wie eine Träne
und alles was dort mitträumt
spiegeln in meinem Selbst.

In der Träne die Morgensonne,
die Farben der Blumen, die Augen der Tiere

und mich im Atem der Götter –
dem Wind sanft selbst mit wiegen.

Von einem Traum habe ich geträumt
und ich wollte nicht mehr lassen von diesem Traum.
Nach Äonen, wo ich lebte, in diesem Traum
habe ich vergessen –
ich vergaß, daß ich träumte von einem Traum,
daß ich gesponnen ein Netz für diesen Traum,
daß ich gewebt eine Landschaft für diesen Traum.

So glitzere ich wie eine Träne und warte
wie eine Spinne auf die Morgendämmerung,
wenn man nicht weiß, ob es Nacht ist oder Tag.
Und warte bis etwas vom Himmel herunterfällt,
das meinem Traum den Bauch öffnet,
so daß ich dorthin zurück finde,
wo ich träumte von einem Traum.

*Petra Heinrich*

## Literaturverzeichnis

Mindell, A. *Traumkörper und Meditation.*
Wei, W. W. (2002). *Das offenbare Geheimnis* . S. 33: Lüchow.
Wei, W. W. (2002). *Das offenbare Geheimnis.* Lüchow Verlag.

Petra Heinrich wurde 1970 in Augsburg geboren. Eine angeborene chronische Erkrankung konfrontierte sie schon früh mit Krankheit, Leid und Tod. Fragen nach dem Sinn von Schmerz und Verlust, sowie des Daseins an sich sind so wegbestimmend für ihr Leben geworden.

Diese frühen Erfahrungen führten sie im jungen Erwachsenenalter auf den Pfad einer intensiven Selbsterfahrung und spirituellen Suche.

Sie durchlebte ihren eigenen tiefen Transformationsprozess geführt von westlichen und östlichen Lehrern und wurde auf diesem Jahre andauernden Weg selbst Wegbegleiterin für andere Suchende.

Heute lebt sie in Rüsselsheim und arbeitet dort als freischaffende Künstlerin und in eigener Praxis für transpersonale Psychologie & Psychotherapie.

Ausbildungen:

- Heilpraktikerin für Psychotherapie
- transpersonale Psychologie & Psychotherapie
- systemisches Handeln und Familienstellen
- Hypnose
- Ethno-Medizin & energetisches Heilen
- östliche & westliche Geomantie

## Wie ich begleite:

### Persönliche Reife & gelebte Spiritualität

Die transpersonale Psychologie & Psychotherapie ist ein noch sehr junger Zweig der Psychologie. Ihr Ziel ist es, sowohl auf der persönlichen Ebene, Konflikte zu lösen, den personalen Schatten zu beleuchten, wie auch weiter gefasste Ebenen in die Arbeit mit einzubeziehen. Das bedeutet, dass sowohl psychosomatische, personale, systemische oder archetypische Bewegungen aufgegriffen und weiter geführt werden. Auch Sinnfragen, spirituelle Entwicklung und Reifung des Menschen sind ein zentrales Anliegen. Da sie die persönliche Einzigartigkeit genauso, wie die transpersonale Perspektive mit achtet und beachtet, verbindet sie so die klassische Psychologie, spirituelle Wege und die Weisheit der ewigen Philosophie. In meiner Praxis stellen somit Bewusstseinswandel und Bewusstseinserweiterung im Fokus meiner Arbeit mit Klienten. Hier werden Schattenthemen bearbeitet und integriert, systemische Verstrickungen gelöst, wie auch das Erleben transpersonaler Dimensionen forciert. Mein Ziel ist es, den jeweils gegebenen Herausforderungen sich wandelnder Situationen und Bedürfnisse zu folgen.

### Praxis für transpersonale Psychologie & Psychotherapie
Seminare & Ausbildungen
e-Mail: praxis-ph@freenet.de
www.transpersonalepraxis.de